LOS SECRETOS DEL MONTE
Mitos, leyendas & folclor médico cubano

Felicia Jiménez Gómez

Prólogo de Ángel Cristóbal García

Colección Hadas del Capiro
Fundación Editorial Letras Latinas
2017

LOS SECRETOS DEL MONTE
Mitos, leyendas & folclor médico cubano
FELICIA JIMÉNEZ GÓMEZ
*

Prólogo de Ángel Cristóbal García
*

Diseño y diagramación: Editorial Letras Latinas
Ilustraciones: Fernando Caluff
*

ISBN: 978-1976116049
*

letraslatinas@gmail.com
www.letraslatinas.blogspot.com
*

Impreso en USA
Printed in USA

DEDICATORIA

Dedico este libro especialmente a la persona más linda que me tocó como alma gemela, para compartir mi vida en este mundo: mi esposo Ángel. También a mis hijas Rocío y Grettell, a mis nietos, Carlos Manuel y Juan Pablo, a mi yerno Eugenito y mis místicas tías. A mi madre Cristina y a mi padre Dionisio. A Tía Ñica y Yolanda, inspiradoras en mí de estos temas folclóricos. A la Lic. Nerys Gómez, y al Lic. Francisco Glez. Alemán (Paquito) quién cada vez que me encontraba me preguntaba por el libro. Al Profesor Yaki de Lingüística y al Profesor Iván de Ruso. A Katty, mi vecina y dueña de la Farmacia Carisma, quién también me motivó mucho para que llevara a cabo el libro. A todos los santeros, astrólogos, cartománticos y practicantes de otras religiones consultados; por lo gentiles que fueron al brindarme explicaciones a cosas tan extrañas para mí sin llegar a confundirme. A Fernando Caluff por su buenísima plumilla para la portadilla. A la Lic. Gloria Fuentes y Lic. Rocio Amoretti por confiarme esa columna, y cada domingo poder complacer a mis lectores con ella. Al Lic. Carlos Servando quién también me facilitó compartir espacios dentro de su galería cultural del Diario VEA. A todos mis amigos que con el devenir del tiempo dejaron profundas huellas de amor y amistad arrulladas por el susurro del viento.

"Feliz el hombre que la Torá del Señor pone su deseo. Y en la Torá medita día y noche. Será como un árbol plantado al lado del agua, que da fruto a su tiempo, sus hojas no se marchitarán, todo lo que haga tendrá éxitos" (Salmo 1)

A MODO DE PREFACIO

Desde hace días venía escuchando a mi esposo rogándome que, "por favor", hiciese la dedicatoria a este libro y que, además, la escribiese como una especie de introito al mismo. Pero, después de haber leído el prólogo, me di cuenta que nada más había que decir; ahí está plasmado la esencia del libro que, como bien dice el prologuista, "no es un libro de estudios", porque soy neófita en la religión yoruba, aunque siempre mi curiosidad me llevó a conocer todo lo místico que encierran los montes, sus leyendas y tradiciones de hadas, brujas y duendes, y ello me motivó a "pagar" mi permiso y adentrarme de una forma sencilla en la intríngulis del asunto.

Desde el año 1983, después de haber leído "Los negros Brujos" de Fernando Ortiz, mi inclinación a recopilar información acerca del tema folclórico, fue ansioso. Primero, porque sentía que me recreaba con los comentarios de las personas que conocen de esa religión, y segundo, porque en ocasiones sentía deseos de tener las facultades para iniciarme en ella. En esa época yo trabajaba en la Universidad Central de Las Villas como correctora de las revistas: Islas, Construcción de Maquinaria, Centro Agrícola, Centro Azúcar, y estudiaba la carrera de Filología, alternado mis estudios con el trabajo. Conversando un día con la profesora de la Facultad de Letras Lic. Nerys Gómez, sobre las conferencias que ella impartía en la cátedra de Arte y Folclor, decidí desde ese mismo momento acopiar la documentación necesaria para mi libro.

Pasaron los años, me vine a Venezuela y con la ayuda de la Sra. Gloria Fuentes, quien en ese momento era la Directora de la Revista Fascinación del Bloque Editorial De Armas, comencé a publicar los artículos guardados desde hacía 17 años en una carpeta y que me había traído desde mi país. Y es así que comienzo con mi columna Los Secretos del Monte en tan renombrada revista venezolana. Esos mismos secretos del monte, son los que mi esposo quiso que los uniera en un compendio y los convirtiera en un libro, pero siempre hacía resistencia de no querer editarlo, ya que la competencia es grande en este tema y no soy experta en el mismo: demoré otros cinco años para que, finalmente, salga a la luz publicada por la Fundación Editorial Letras Latinas, y ahora en los Estados Unidos.

PRÓLOGO

Corría el año de 1982, específicamente en agosto, cuando en compañía de mi esposa Felicita y de nuestra hija mayor Grethel visitamos la ciudad de La Habana, atendiendo a una invitación que nos hiciera el diseñador de la revista literaria Islas, el querido amigo Julio Víctor Duarte. Sin embargo, no había sido aquél mi primer encuentro con la capital cubana, ya que, anteriormente en 1980, finalizando el último año de la carrera universitaria, había recorrido el casco histórico-colonial de la ciudad, bajo las certeras explicaciones de Eusebio Leal, Historiador de La Habana; pero sí sería mi primer acercamiento a una religión que, de una manera u otra, ha estado siempre presente en la idiosincrasia de todo cubano: la Santería.

Recuerdo que nos alojamos en una residencia de la calle Guasabacoa, nro.603, en la barriada de Luyanó, a pocas cuadras de la calzada del mismo nombre y a cuarenta y cinco minutos de Centro Habana. Aquella casa, cons-,truida en los años treinta, tenía un amplio portal flanqueado por dos gruesas columnas de estilo clásico, y a pesar de estar muy descuidada como la mayor parte de las edificaciones capitalinas, todavía mostraba su antiguo señorío. Eran dueñas de la misma la entonces octogenaria Antonia Moré (conocida por Tía Ñica) descendiente de esclavos y su hija, que por entonces rondaba los sesenta años de edad, Yolanda Patria Moré; ambas creyentes y practicantes de la Santería. Destacaba en la sala el Altar Mayor, apoyado contra la pared sur de la casa; un Altar Menor situado hacia el oeste, y tras la puerta principal un pequeño mueble conteniendo los atributos de Elegguá el dueño de los caminos. Un largo pasillo conducía al primer dormitorio, al baño y al segundo dormitorio, éste último reservado para el canastillero de los santos, y finalmente la cocina, amplia, pero atestada de muebles, sillones y taburetes de comedor. Había un desorden místico en todo el mobiliario que alentaba a hurgar y curiosear.

Tía Ñica me llamaba "ángel de Dios", era muy cariñosa conmigo y me impresionó particularmente cuando con humo de tabaco y unos rezos que sólo ella conocía, me curó un rebelde "pie de atleta" o eczema que no sanaba con tratamientos médicos tradicionales. Por aquellos días calurosos conocimos al Sr. Carlos, babalawo de mucha sabiduría en la religión y nos fuimos a la villa de Guanabacoa, donde visitamos entre otros, la casa-museo del patriota mambí Juan Gualberto Gómez; destaca allí la tribuna desde la cual el apóstol Martí se dirigió en encendidos discursos a los tabaqueros de Tampa y Cayo Hueso; y una habitación dedicada al folclor yoruba, donde impacta la figura de cera de un santero mayor. A partir de aquel año, durante varias vacaciones de verano nos quedamos en Guasabacoa 603 y Julio Víctor nos recibía en su casa de la calle Sofía, en Párraga, con exquisitos almuerzos y cervezas muy frías; mientras su esposa Lilian nos deleitaba con su verborrea y sus cuentos de dirigente acostumbrada a resolver las cosas de manera práctica, saliendo al paso a las manifestaciones de burocracia o extremismos, tan frecuentes en los ochenta.

Uno de los fenómenos sociales que más me impresionó entonces fue la peregrinación que, a pesar de las represiones de aquella época con respecto a las manifestaciones religiosas públicas, cada 17 de diciembre se dirigía hacia El Rincón para honrar a San Lázaro o Babalú-ayé, y en la que Felicita y yo participamos en dos ocasiones acompañados de Yolanda. Primero había que viajar durante dos horas hasta el poblado de San José de Las Lajas y a partir de allí caminar 9 kilómetros hasta la Iglesia de El Rincón, situada en el único sanatorio para leprosos que existía en Cuba desde la época de la República atendido por religiosas. La fila de devotos, creyentes y curiosos que caminábamos sobre el caliente asfalto de la carretera era inmensa; algunos incluso se arrastraban por el suelo, o caminaban de rodillas, otros lo hacían descalzos; cada quien según la promesa que había ofrecido a San Lázaro y que debía cumplir por el favor recibido o el milagro concedido. Cientos de policías no sólo custodiaban el largo peregrinar, sino que, además, a la salida de San José, y para amedrentar, dejaban registrados el nombre y el número de identidad de los miles de peregrinos. Había quien te decía que era para separarte después del trabajo, pero la verdad es que, siendo yo de la profesor y editor en la Universidad, nunca se me molestó por haber ido durante varios años a encontrarme frente al altar de San Lázaro, cubierto por las velas, las flores y los ex-votos de los milagros; un fenómeno sólo comparable con la peregrinación al Santuario del Cobre, en Oriente, cada 8 de septiembre.

Precisamente esa ambivalencia entre curioso e investigativo a la vez de aquellos tiempos, nos movió a acercarnos más tarde al Departamento de

Folclor de la Universidad Central de Las Villas, donde entramos en contacto con profesores universitarios como Nerys Gómez, Francisco González Alemán, Ordenel Heredia, Juan Ramón González, José García González, y otros quienes nos enseñaron y compartieron con nosotros las técnicas científicas de investigación para realizar el trabajo de campo y acopiar la bibliografía adecuada para proyectos posteriores.

Todo lo anterior resume un poco los sentimientos de complacencia que me embargan al presentar este libro escrito por mi esposa y compañera de tantos años. *Los Secretos del Monte* es un texto que nació de nuestra convivencia a lo largo de más de dos décadas, en el transcurso de las cuales hemos conocido a excelentes escritores, poetas, pintores, investigadores, profesores; pero también a obispos, sacerdotes, seminaristas, laicos; creyentes de las más diversas religiones, y por supuesto, hombres y mujeres pertenecientes a la Regla de Ocha que jamás han renunciado a su fe y han defendido la religión en etapas difíciles y en momentos felices como los actuales, donde en materia de libertad de culto el país ha avanzado muchísimo. Su autora ha respetado aquí las enseñanzas de sabios como Don Fernando Ortiz; el estilo de escritoras como Lidia Cabrera y Natalia Bolívar Aróstegui, y logrado un texto que, sin pretensión literaria alguna me atrevo a asegurar que será muy útil para entendidos y neófitos de este tema siempre apasionante.

Algunos de estos trabajos fueron publicados en la sección "Los Secretos del Monte", columna que cada domingo llegó a los lectores de la revista Fascinación del *Diario 2001*, perteneciente al Bloque Editorial Dearmas, en Caracas, Venezuela; otros fueron apareciendo en la Galería Cultural del diario VEA, sin embargo, el grueso de esta obra es inédito y fruto también del trabajo de campo realizado durante años con santeros, babalawos y creyentes, quienes generosamente compartieron sus experiencias con la autora y cuyas informaciones no pudieron ser publicadas por problemas de espacio afines a toda publicación periódica.

Lic. Ángel Cristóbal / escritor, periodista y editor
CEO de Letras Latinas Publishers.
Miami, 4 de Septiembre de 2017

Tradiciones villaclareñas. Plumilla de Fernando Caluff

PRIMERA PARTE
LOS SECRETOS DEL MONTE

EL ESPÍRITU DEL BOSQUE

Las creencias sobre los espíritus arbóreos han motivado curiosos comportamientos en algunos pueblos. En los mitos griegos, a los habitantes de los árboles se les llamaba dríadas; en los países eslavos aseguraban que los espíritus del bosque vivían en el interior de los abedules y otros, como los filipinos, están convencidos de que las almas de los difuntos se reencarnan en árboles. De modo semejante, los indios norteamericanos creen que el álamo, el árbol más corpulento del valle del Alto Missouri, puede ayudarlos en ciertas empresas.

Como antaño casi todos los árboles del bosque estaban animados y se consideraban sagrados, antes de derribar un árbol se le pedía perdón. Los leñadores estaban convencidos de que arriesgarse a descortezar, maltratar o talar alguno eran acciones que serían irremisiblemente castigadas por el espíritu que vivía en él: quien lo hiciera, perdería la vista, la salud, pudiéndole incluso sobrevenir la muerte. En particular se respetaba a los árboles torcidos por la edad, la enfermedad o heridos por el rayo; porque éstos eran los preferidos por los dioses.

Es curioso que la grandeza y misterio de los grandes árboles ha hecho que casi todos los países tengan como emblema nacional uno al que sus leyendas consideran sagrado. Para los hindúes sería el 'bo' o ficus religiosa -el árbol bajo el que meditó Buda durante cinco años. Para los antiguos egipcios fue el sicomoro, una especie de higuera cuya incorruptible madera usaban en los sarcófagos donde encerraban a las momias. Para los escandinavos es el fresno, para los germanos el tilo, para los druidas el roble y la encina; para los griegos el laurel, para los chinos el bambú, el ciruelo y el pino -porque se conservan verdes durante el invierno y simbolizan la longevidad y la fertilidad.

Para los japoneses, el cerezo y el almendro en flor; para los cristianos el ciprés, para los habitantes de Nueva Guinea la palmera sagú; para muchos países americanos, la ceiba…y así un largo etcétera.

Las flores del saúco recogidas la víspera de la noche de San Juan, tienen virtudes extraordinarias. Eso al menos aseguran las tradiciones, y quizá tengan algo de cierto, porque están presentes en casi todos los manuales de medicina natural. En Galicia se utilizan para ahumar las zonas inflamadas del cuerpo, contra malos aires y cualquier tipo de enfermedades de la piel. Es frecuente pasar las ramas del saúco sobre el ganado afectado por el "mal de ojo".

Todavía hace unos años, llevar una rama de saúco en el bolsillo equivalía a estar protegido contra los encantamientos y la brujería, y si se quería una mayor protección, se clavaban hojas en puertas y ventanas. También las bolitas de este árbol servían para hacer los horóscopos, y sus ramas -como amuleto- tenían la virtud de ahuyentar a los ladrones. Por si fuera poco, en caso de tormenta convenía guarecerse bajo las ramas del saúco, pues se encuentra inmunizado contra el rayo. ¿La razón? Pensemos en la creencia popular según la cual la cruz de Cristo estaba hecha con esta clase de madera. Aunque, según otras versiones, el tal árbol era un ciprés.

Para los japoneses, el cerezo y el almendro en flor; para los cristianos el ciprés, para los habitantes de Nueva Guinea la palmera sagú; para muchos países americanos, la ceiba…y así un largo etcétera. Las flores del saúco recogidas la víspera de la noche de San Juan, tienen virtudes extraordinarias. Eso al menos aseguran las tradiciones, y quizá tengan algo de cierto, porque están presentes en casi todos los manuales de medicina natural.

En Galicia se utilizaban para ahumar las zonas inflamadas del cuerpo, contra malos aires y cualquier tipo de enfermedades de la piel. Para mayor protección, se clavaban hojas en puertas y ventanas. De igual manera usaban bolitas de este árbol para adivinar el futuro, y creían que sus ramas eran un amuleto eficaz para evitar ser asaltados por maleantes.

Los celtas tenían preferencia por los árboles que atraen el rayo en días de tempestad -el roble, la encina, el abeto y el tilo-, motivo por el cual el roble gozaba de todos sus beneplácitos. Esta atracción que el rayo siente hacia el árbol queda reflejada en viejos refranes y dichos populares: "cuando llueve y hay redoble, no te ampares en el roble". Es curioso que cuando se troza el tronco de este árbol, en su interior siempre se encuentra la "piedra del rayo", con forma de hacha de piedra pulimentada, la cual, según la creencia popular, sirven para conjurar tempestades y como amuleto contra el mismo rayo y las tormentas.

Hasta tal punto son numerosos los vínculos internos entre el hombre y el árbol, que en la actualidad se ha recuperado una vieja costumbre: la de plantar un árbol joven cuando nace un niño, una especie de "árbol de nacimiento". La idea original de que el estado del árbol es paralelo al de la persona, ha caído en desuso, aunque hay anécdotas que nos pueden hacer reconsiderar esa postura. Si nos atenemos fielmente al testimonio de Michael F.Relley, antiguo miembro del cuerpo de guardia de Franklin Delano Roosevelt, cuando en septiembre de 1947 murió Sara Delano, madre del presidente, ocurrió un hecho extraño: "apenas cinco minutos después de su muerte, un poderoso roble cayó abatido sobre el suelo en el parque; el día estaba en completa calma y nadie había detectado en él ninguna enfermedad".

¿QUÉ ES EL SINCRETISMO RELIGIOSO?

Tan rico como sus propias culturas, en las islas caribeñas se da un complejo sincretismo religioso que va desde el cristianismo hasta las tradiciones afrocaribeñas. Esa complejidad de cultos, iniciada con la colonización española, que trajo el catolicismo y a los negros esclavos de África, es la que ha propiciado que actualmente exista en nuestros pueblos latinoamericanos un verdadero caleidoscopio religioso; una amalgama de católicos, digamos puros, y de practicantes de ancestrales ritos africanos.

Uno de los más clásicos ejemplos del sincretismo religioso está justamente en la Virgen de la Caridad del Cobre; adorada a lo largo y ancho del archipiélago cubano, quien para unos es la Santa María Madre de Dios, para otros es la orisha Ochún, diosa del amor, y para la gran mayoría es simplemente la Virgen de la Caridad o Cachita, la patrona de Cuba.

El sincretismo dificulta conocer la cantidad exacta de fieles de determinada religión, pero los investigadores coinciden en que hasta un 85 por ciento de la población manifiesta algún tipo de religiosidad. En el caso particular de los católicos, algunas fuentes señalan una cifra de varios millones, pero los estudiosos socio-religiosos descalifican ese número, pues incluye a todos los bautizados. Según estiman esas mismas fuentes, en Venezuela se ha difundido enormemente la práctica de la religión Yoruba, estimándose una población de 40.000 santeros y 5.000 babalawos, los cuales tienen a su vez su población religiosa (creyentes y personas que se consultan).

Una de las partes más importantes de la religión Yoruba es el canto. Éste se utiliza para recordar a los muertos, para reafirmar la realidad de la vida, para predicar al cielo y a los santos. También se expresan pensamientos sobre la vida y la muerte. Es decir, todo lo que se relaciona con el quehacer del ser humano desde que nace hasta que muere.

El canto es clave para alegorizar a un orisha, para alabarlo, para narrar una historia, para reafirmar o negar con vehemencia un hecho que pueda acontecer en el presente, en el pasado o en el futuro.

Los cantos están cargados de metáforas, la reiteración es una de sus características fundamentales. Son innumerables los cantos que existen en lengua Yoruba, los cuales se aprenden por transmisión oral y esto trae como consecuencia, en ocasiones, una pronunciación no correcta de los mismos. Estos cantos y toques eran predominantemente ejecutados en etapas anteriores por personas de cierta edad. En la actualidad lo realizan gente más joven; aunque los toques no han perdido su objetivo y cadencia. Lo fundamental del canto se encuentra en lo que expresa el coro, ya que el cantante, dado sus conocimientos sobre la lengua, la religión, la filosofía, las historias, puede en un momento dado realizar cualquier improvisación.

Actualmente se llama apkom a todo aquel que interprete un canto Yoruba; sin embargo, entre los cantantes existen categorías: existe el mosuyé, que es el que llega a un lugar y levanta un canto sin ningún conocimiento; el akorín que es el canta con algunos conocimientos sobre lo que interpreta. Pero es el apkom quien tiene grandes conocimientos del canto, del toque y de todas sus variantes; es éste el llamado a interpretar la filosofía de los Yorubas.

Gracias a ellos podemos hoy apreciar y conocer algunos de los significados que tenían para este pueblo muchas de sus interpretaciones.

EL DUENDE DE LAS AGUAS

El güije es un pequeño ser de las aguas, que habita en los ríos y pozas alejados de la ciudad. Generalmente es negro, a veces indio y cuyas características físicas y sicológicas son muy peculiares. Este duendecillo extraño, centro de la mitología de muchos pueblos del Caribe, se conoce desde las primeras crónicas de los conquistadores de América, y aún pervive en los altos estratos de la expresión cultural folklórica caribeña, formando parte de leyendas, historias y diversas artes.

Generalmente, quienes lo han visto, sostienen que el güije es de color muy moreno y de abundante y enredada cabellera; lo tildan de enamorado y juguetón, así como totalmente despojado de ropas para poder mostrar su exagerado falo.

Algunos estudiosos de este singular mito han concluido que esta leyenda surgió a partir de la presencia del manatí; un mamífero muy común en las desembocaduras de los grandes ríos. Se sabe que el manatí -hoy en día en peligro de extinción-, tiene ciertos hábitos curiosos que pudieran recordar la conducta humana: las hembras se apoyan sobre su ancha aleta caudal, quedando en posición vertical, mientras sostienen a su cría con sus aletas pectorales para darles de mamar, como pudiera hacerlo cualquier mujer. Quizá esto -dicen aquéllos-, pudo muy bien originar este fantasma que adquiere diversas formas según los pueblos; güije-sirena, güije-indio, güije-negrito, o güije-duende.

El sabio cubano Don Fernando Ortiz aseveró que los aborígenes del Caribe tenían sus brujos, y lo que es menos conocido, tenían sus enanos misteriosos a los que, como los que ha creado la imaginación cubana o caribeña, le atribuían poderes sobrenaturales.

Por supuesto, al llegar a estas tierras los barcos negreros cargados de esclavos africanos, éstos venían con sus deidades; fueron ellos los que propagaron la leyenda del güije negro hasta nuestros días.

A los güijes se les atribuye todos los extraños fenómenos que ocurren en los campos durante las tórridas noches de plenilunio; pues según los campesinos y llaneros, gustan de salir de sus escondites para sentarse en las piedras que circundan los remansos; allí esperan a los caminantes perdidos y les hacen increíbles travesuras. Cuenta una tradición que allá por 1712, un diabólico duende produjo serias perturbaciones en los alrededores de la villa de San Juan de los Remedios, aterrorizando a sus vecinos. Fue en una de esas fiestas del cabildo africano que se permitían el día de Reyes Magos, frente a la torre-campanario de la Iglesia Mayor. Los negros bailaban y los presentes disfrutaban del expectáculo, cuando se apareció un güije, habitante de una poceta cercana, y todos huyeron despavoridos.

En esos momentos salía de la ermita un sacerdote, mientras que el esperpento se posaba sobre el alero de una casa. Apenas vio al cura, el güije emitió un grito prolongado y saltó cayendo en medio de la calle; allí el religioso lo roció con agua bendita, le bendijo, y entonces el feo duendecillo se encaramó en la torre del templo y se fijó en la cruz de su cúspide iluminada por la luz de la luna. De la torre se perdió en la nada, se deshizo como por encanto, y desde entonces crecen flores blancas en el campanario.

El "portero" del bosque

Cuenta la leyenda que Elegguá era hijo de un rey. Un día se encontraba paseando el joven príncipe con su séquito, cuando lo deslumbró en el camino una luz resplandeciente que procedía de un rincón intrincado de la selva. La curiosidad lo motivó a acercarse y vio que era un coco seco, con tres ojos de los cuales salía la luz brillante y cegadora. Elegguá lo recogió y lo llevó a su casa contándole a su padre lo sucedido. Pero como él era muy mentiroso, ni su padre, ni nadie, le creyó y el muchacho dejó el coco abandonado detrás de una puerta.

Del coco seguía saliendo esa luz, pero sucedió que al tercer día el joven Elegguá murió repentinamente. Después del deceso, la aldea comenzó a sufrir un periodo de escaseces y de situaciones desesperadas para su pueblo; entonces los ancianos de la tribu se acordaron del coco dejado por Elegguá detrás de la puerta y fueron a buscarlo; lo encontraron podrido y comido de insectos. Los ancianos vieron en la muerte del príncipe mucha coincidencia con la muerte del coco y los problemas de la tribu, por lo que decidieron hacer de una piedra la representación del coco. Los santeros de hoy en día dicen que de ahí surgió Elegguá como orischa, y de este sentir parte la expresión "el muerto parió el santo". Elegguá es el mayor de todos los orischas, él tiene las llaves del destino, privilegio éste otorgado por Olofi, ya que en otra leyenda se narra que en cierta ocasión Olofi estaba muy enfermo y le pidió a su mamá que lo llevara al bosque, pues estaba seguro Elegguá lo curaría con algún cocimiento de yerbas tomadas del monte. Por supuesto, Olofi fue sanando y recuperándose, por lo que le otorgó el permiso para ser el primer orischa en recibir sus ofrendas, además de ser el dueño de todos los caminos y puertas, entre ellas las puertas del bosque: por ello se conoce como el "portero" del monte.

En ocasiones le gusta hacerle trampas a las personas y como mismo trae la felicidad, puede también traer la desgracia, si no se le honra como a él le gusta pues es muy celoso. Elegguá es el primero del grupo de los cuatro guerreros, por lo que ningún otro orischa le antecede. En cierta ocasión Olofi le dijo: "siendo tú el más chiquito y mi mensajero, serás el más grande en la tierra y en el cielo y no se puede hacer nada sin antes contar contigo".

Tiene veintiún avatares y vientiuno son sus caracoles. Está muy vinculado a Echu, quien es la encarnación de los problemas que el hombre tiene siempre en acecho. No se puede separar a Echu de Elegguá, ya que es la relación mística de lo positivo y lo negativo, lo bueno y lo malo, lo externo y lo interno, la seguridad y el peligro: ahí está Eleggua-Echu marcando con su presencia la frontera de dos mundos; Eleggua protege el hogar y Echu la calle, la sabana y el monte.

Su sincretismo religioso con la iglesia católica está representado en San Antonio de Padua, Santo niño de Atoche y el Ánima sola.

CÓMO SE LEE EL COCO

Dice la leyenda que cuando Obatalá reunió a los santos para darle mando y jerarquía a cada uno, esta asamblea del reparto se hizo bajo un cocotero. Obatalá puso a los pies de cada unos de ellos un coco partido y por esta razón todos los santos tienen derecho al coco. Alrededor del árbol se sentaron los orichas a escuchar respetuosamente las instrucciones de

Obatalá. El único que se mostró renuente a escuchar fue Babalú ayé, pero Obatalá lo dominó y al fin tuvo que acatar la voluntad del jefe supremo, por ésta razón es imposible que se practique un solo rito, sin la ofrenda consabida del coco, a los ikus y a los orichas

Cuenta otra leyenda que un awo llamado Biagué tenía un hijo llamado Adiototo, y el padre le dio su único secreto; el arte que él había creado de adivinar con los cocos. Biagué tenía otros muchachos que le obedecían como un padre y se consideraban sus hijos, pero su hijo verdadero era Adiototo. Al morir el awo aquellos hijos adoptivos le robaron cuanto tenía y Adiototo quedó solo en el mundo pasando penas. Pasó el tiempo y el rey Obá quiso averiguar de quién eran las tierras que poseía Biagué y mandó que se presentaran sus herederos, pero ninguno tenía pruebas para demostrarlo así que el vocero pregonó el nombre de Adiototo. Adiototo fue a ver al rey Obá para decirle que la única prueba que podía ofrecerle eran sus cocos, con los que Biague le había enseñado adivinar. A todas la preguntas que hizo el rey Obi, Adiototo respondió con sinceridad, por lo que el rey le entregó todas las propiedades que les habían sido usurpadas.

Lectura del coco

El coco es la adivinación del ABC lucumí. Y habla con sólo cinco palabras dando respuestas leves y lacónicas. Es decir, según las posiciones que presentan al caer al suelo los cuatro pedazos que lanza el santero que interroga a los orichas, puesto de rodillas o de pie, siendo ésta la actitud más usual. Antes de manipular el coco se le hacen tres libaciones a Eleggua y se dice. **ATANU CHE ODDA LI FU ARO MO BE ACHE ACHE MI MO ARO MO BE OMOI TUTU, ANA TUTU TUTU LAROYE.** Se cierran los dedos de la mano izquierda y con la derecha se toca tres veces el suelo y se dice, **ILE MO KUO KUELE MU UNTORI KU UNTORI ARO UNTORI EYE, UNTORI OFO UNTORI MO DE LI FU LONI.**

Se toman los cuatros pedazos y se dice **OBI KU ARO OBI EYO OBI OFU OBI.** Se nombra el santo que se interroga y los que están presentes contestan **AKAÑA.**

En la santería, lo primero que aprende un iyawó (iniciado) y también todos los aberikolá (devotos no iniciados) es consultar con el coco. Pues preguntarle a los caracoles es muchísimo más complicado. Para comprender el lenguaje de los cocos, las santeras les enseñan a sus ahijados mediante un esquema ya que a ellas, por lo general, no les gusta enseñar y de esta manera les resulta más práctico hacerlo. El esquema es muy explicativo y da a conocer las diferentes posiciones (letras) como caen los cuatro pedazos, así como sus nombres y su significado. Veamos algunos ejemplos:

-Si en la primera situación o letra, los cuatro pedazos han caído sobre la corteza y muestran enteramente la pulpa blanca, esto representa alafia y hablan Changó y Orula.

-Cuando cae un solo pedazo invertido en otawo (esto significa estar de frente), responden Oggun, Yemayá, Changó, Ochosi.

-Si caen dos pedazos invertidos ratifica una respuesta afirmativa.

-Tres pedazos invertidos significa ocana sodde y hablan los orichas Yansa, Elegguá, Yewa, Babalú Ayé, Changó y Argayú, pero para algunos santeros solamente hablan en esta letra Changó y Babalú Ayé.

-Si al preguntar cae alafia, se repite la pregunta si el santo está contento con lo que se le ha dado. **Alafia** es la letra buena o mala, buena cuando cae efille o otague, mala cuando en vez de efille o otague caen todos los cocos al revés, en **oyekún**. Entonces hay que preguntarle al santo qué hay que hacer para matar esa letra (sacrificio para impedir alguna adversidad de cualquier orden, que es lo que augura siempre oyekun u ocana sódde).

-Cuando **otawo** se repite podemos estar seguros, pero si viene una sola vez ¡cuidado con eso!, se vuelve a preguntar otawo pues un solo coco invertido que caiga en dos lances sucesivos, uno tras otro, es seguridad o afirmación rotunda.

-Cuando cae **oyekún** se vuelve a preguntar en el acto si es el santo el que habla; porque también puede estar hablando algún difunto o pariente, que nos avisa la muerte de alguien. Entonces se le enciende enseguida una vela y se le pregunta qué ebbo o trabajo quiere, para hacerlo a la carrera y salvar a esa persona amenazada. Lo más importante y objeto de toda ceremonia santera es conocer si en el curso de algún trabajo se ha cometido algún error, o se ha omitido algún detalle o si se ha realizado un trabajo eficaz, etc. Y el coco es la herramienta más elemental de que dispone el santero para obtener rápidamente la respuesta de un oricha, que contesta sí o no.

Dentro de los secretos del monte no podemos olvidar a nuestros queridos muertos, ya que ellos forman parte del conglomerado de misterios que él encierra.

El monte está lleno de difuntos o eggun de ahí el dicho que antes que los orichas hay que honrar a los muertos, pero dentro del monte podemos encontrarnos también con entidades malas o diabólicas, seres oscuros maléficos con malas intenciones, que hay personas que los utilizan para hacer daños horribles.

Pero no siempre es así, pues también el monte lo habitan seres de luz, entidades vivas que comparten con nosotros en nuestros hogares y que se mantienen en contacto con sus seres queridos y amigos para brindarnos protección y apoyo.

Entre otras gracias o facultades, los santeros tienen ese gran don de comunicarse con los espíritus y por eso sus primeras ceremonias van dedicadas a ellos. En toda casa de santero mayor existe un altar llamado bóveda, donde en copas con agua clara se les rinde culto para claridad y protección de la casa. De ahí el dicho ese de que "el muerto parió al santo" (iku dobi ocha). Al iniciar sus plegarias se nombran los eggun africanos y luego a los eggun criollos con motivo de recordarlos y obtener sus bendiciones. La consulta con los eggun puede hacerse a través del caracol de Eleguá, mediante una misa espiritual y la asistencia de un médium, como también se puede emplear el oráculo del coco para consultarlo antes de iniciar un sacrificio a los orischas. Este ritual es conocido como suyeres, por su parte, las invocaciones se hacen mediante las lecturas de libros Kardec.

Los espíritus de los muertos comenzarán a manifestarse a través del médium y se comportarán según su jerarquía y actuarán en forma diferente durante la ceremonia; puede que hablen en africano -lengua lucumí- o tal vez en español antiguo o en dialecto que tal vez se entienda poco. Puede ser que también venga bailando o pidiendo aguardiente o tabaco, luego se comunicará para decir qué bueno o malo está pasando y qué hacer para remediar las cosas malas que puedan venir, pero hay que tener mucho cuidado con esto, pues ellos siempre le traerán alguna información al santero mayor que los está llamando. Por supuesto, se les dará diferentes ofrendas que pueden ser desde un carnero, un gallo, arroz amarillo, pescado en 9 trozos, coco, pan con mantequilla, cascarilla y hasta un salcocho con cabeza de cerdo dentro; también aguardiente, ron, tabaco, cigarrillos, dulces caseros u otras comidas que les gustaba comer cuando estaban encarnados.

Existen distintas formas de exorcizar la influencia malévola de los espíritus. Puede ser mediante un ebbó, a través de una misa espiritual, incluyendo baños de depuración o acudiendo a un orischa que haya poseído a un ser humano y que efectuó los exorcismos convenientes. Se usa agua de colonia, albahaca y rompe saragüey.

Este culto a los muertos o fallecidos tanto en la mitología como en la santería está relacionado con la herencia cultural de nuestros antepasados; recordemos que los chamanes, que están relacionados con otro tipo de cultura, llaman a sus muertos en diferentes rituales, y tanto en una cultura como en otra siempre están relacionados con el monte: ese monte que nos atrae y nos inspira tanto miedo adentrarnos, pero por el cual también sentimos una especial curiosidad de conocer todos sus secretos y virtudes.

Oshun, la dueña de los ríos

La permanencia de esclavos africanos en América, durante casi cuatro siglos, nos legó una amplísima herencia cultural, manifiesta hoy en múltiples aspectos de nuestra cotidianidad: tradiciones, costumbres, comidas, danzas, elementos musicales y lingüísticos.

Entre esa amalgama de influencias, se destaca, como elemento particularizante y al mismo tiempo unificador, el aporte religioso, sin dudas uno de los más valiosos, por su riqueza conceptual y espiritual, y el universo litúrgico, simbólico, sicológico, rítmico, sonoro y sociológico, en estrecha relación y armonía con la vida toda de humanos, plantas y animales.

Según el área de procedencia de África, puede hablarse de varias religiones afrocaribeñas, en las cuales son denominadores comunes la existencia de sincretismo propios, a partir del contacto directo con el Cristianismo, impuesto por la Metrópoli española, y su íntima vinculación anímica, corporal y práctica con quienes hacen y deshacen cada día sobre la tierra, Dioses todos con virtudes y defectos, alegrías y sinsabores, que guían y orientan, premian y castigan, pero también ríen, cantan, bailan, beben, comen, aman.

En ese amplio espectro de cultos, nadie discute la preponderancia de la Santería o Regla de Ocha -resultante de la sincretización de cultos yorubas y de la religión católica-, tras un proceso natural, espontáneo y lógico, y un abarcador panteón de orichas (deidades), que representan o simbolizan la mayoría de las áreas y esferas que directa o indirectamente inciden sobre el accionar de los hombres. Precisamente, en este trabajo hablaremos sobre una de ellas: Oschun.

Aunque su nombre conjura sensualidad -el amor, la sexualidad, el romanticismo, la delicadeza, el dulzor, la felicidad, el agua, la serenidad, la luna, el oro, y la lujuria entre otros-, Oshun es mucho más. Ella es la "rumbera" (chica de rumba o mujer fiestera) y la culpable de que dos hombres se maten uno al otro por ella.

En África, Oshun es la dueña del río que lleva su nombre y en Cuba ella se escondió trás la imagen de "La Caridad Cobre". A pesar de que hay muchos recién iniciados en esa fe que prefieren desligarse de este sincretismo, no podemos olvidarnos las razones que las trajeron a América junto a las demás deidades: la esclavitud. De ahí que deba agradecerse a esos esclavos que murieron para mantener la religión viva disfrazando el Orisha Yoruba con los santos Católicos para traer una religión tan fuerte y bonita: La Regla de Ocha o Santería.

Como la santería es "mulata" o "mestiza", Oshun también es mulata y "sandunguera": con sus caderas que columpian de lado a lado como si el viento le perteneciera.

Siendo ella dueña de todos los ríos del mundo, cada orisha debe ir a ser purificado en sus aguas antes de su iniciación religiosa. Oshun posee todos los bienes amarillos y dorados de la tierra: el oro, el ambar, pero el coral es su debilidad. Su sed se aplaca con el dulce de las naranjas y cura el vientre enfermo de sus hijos con calabazas. Oshun se funde en la vista de un girasol y su alimento preferido será un chivo capón, la gallina, y el Ochin chin (un plato de espinaca con huevos y camarón). Su plato favorito se condimenta con miel y canistel (una fruta de los trópicos).
Sus días favoritos para salir son los viernes para ir de fiestas, y el sábado para

ir a las compras. A sus hijos obedientes Oshun los recompensará con gran cantidad de "owo" (dinero).

Su transporte es una barca pequeña de remos que ella saca cada anochecer corriente abajo de los ríos del mundo para quitar las penas y las desgracias de todos sus hijos.

Pero aunque Oshun sea todo dulzor, risas y los tesoros del mundo, una gran cantidad de sus hijos nunca obtienen la felicidad. Sin embargo, no deben quejarse, aunque fuera asi, por que ella ofrece la comprensión más noble de madre.

Bebe cerveza, champaña, té de manzanilla y miel cruda.
Numeros preferidos 5, 15, 25, 35, 45 y cualquier múltiplo de 5.

La leyenda del boniato

De la batata o boniato se desconoce de dónde es originaria, pero sí sabemos que se cultiva en los países tropicales. Hay diversas variedades de ellas y muchos botánicos suponen que esta especie se ha derivado de la ipomea tiliácea, como resultado del cultivo y selección parte de los pueblos aborígenes de América.

Es una planta rastrera, con rizomas grandes, carnoso. Sus tallos son lampiños, rastreros de 1 metro o más de largo; mientras que sus hojas tienen forma oval, suboriculares y enteras.

De esta planta se emplean los tallos, las hojas y la harina de la raíces como medicina alternativa. Harina que puede ser utilizada en forma de cataplasma para evitar irritaciones de la pie provocadas por el calor excesivo o por otro tipo de alergia, ocasionada por algún producto o sustancia. También da brillo a la piel y tersura.

Por otra parte, el cocimiento de sus bejucos es muy eficaz como galactagogo, ya que sirve para aumentar la leche materna de las embarazadas y mientras están lactando al bebé.

Es bueno que conozcan que el zumo del boniato (como también se conoce a la batata dulce) después de hervido lo podemos diluir en leche o en caldos u otros alimentos para fortificar los huesos; aumenta la capacidad mental del cerebro y la estimula, y cuando las personas padecen anemia, es muy bueno su consumo. Consultando a un santero, éste nos contó que los baños de las hojas de boniato, con miel de abejas y agua de colonia, son muy efectivos para dominar y conquistar a alquien que nos guste y también para endulzar a un jefe cuando se quiere conseguir un empleo, pidiéndole siempre a Ochun como dueña que es de este bejuco o planta. Se puede usar como ofrenda a cualquier orisha, excepto a Obattalá y a Oyá. También nos contó que cuando un santero quiere preguntar algo a Osain, se lleva un boniato al monte, untado con manteca de corojo, ofreciéndoselo y luego preguntando lo que desea saber. A las iyalochas en su mayoría se les está prohibido comerlo.

La leyenda

Ochun, orisha mayor, es la deidad de las aguas del río, símbolo de la sexualidad, la coquetería y el amor. Es la más bella entre las bellas mujeres mulatas; capaz de hacer enloquecer a cualquier hombre. Fue una de las amantes de Changó, muy amiga de Elegua y le tiene mucho cariño a Yemayá a quien la reconoce como su hermana mayor, por lo que siempre está acompañada de ella. Le gustan mucho las fiestas, es buena bailadora, muy simpática; le apasiona el oro, los collares de perlas y los corales. Su color es el amarillo, el cual no lo comparte con ningún otro orisha. Le encanta ayudar a resolver los problemas de los demás, pero hay que tener mucho cuidado con ella, pues Ochun cuando se disgusta es sumamente peligrosa y castiga en el estómago. Sin embargo, es la protectora de las mujeres embarazadas y en el momento del parto está allí presente; por eso debemos pedirle su protección cuando se está en estado de gestación. Oshun pasea por el monte y juega con los animales que en él habita. Toda la fauna la respeta y ni tan siquiera un alacrán es capaz de picarle. Es en el monte donde Oggun la ve por primera vez y queda prendado de su belleza y poder. Por su encanto él la persigue y quiere poseerla; entonces Ochun se lanza al río y es arrastrada por la corriente que la lleva hasta la desembocadura del río, donde Yemayá la encuentra. Ésta, compadecida, le regala el río para que habite en su lecho. Su número es el 5. Tiene varios caminos o avatares y en la sincretización católica se funde con la Virgen de la Caridad del Cobre, Patrona de Cuba.

De las yerbas del monte muchas veces creemos conocerlo todo y más aún cuando son yerbas vulgares o comúnmente conocidas. Esto nos sucedió con el "anamú", un día que, haciendo nuestro trabajo de campo, conocimos a un anciano yerbero u osamista en el centro de Caracas quien nos relató algunas cosas desconocidas por esta investigadora, sobre ese matojito tan común y que debe su popularidad a que es de esas matas silvestres que se da abundantemente en terrenos yermos y cultivados, prefiriendo los terrenos fértiles.

El anamú tiene un olor penetrante y desagradable, siendo sus hojas alternas y membranosas utilizadas en la medicina alternativa o naturista para ciertas enfermedades. Es un eficiente antiespasmódico, también es abortivo, su jugo se emplea para curar enfermedades cutáneas, y los herpes los desaparece.

Su raíz tiene propiedades diuréticas y su infusión se utiliza para la iscuria espasmódica y también contra la hidropesia. Se ha recetado para ir eliminando las afecciones paralíticas por encogimiento de los músculos; para ello se maceran sus gajos en alcohol de 90 grados, por 21 días, para luego frotarlo en la parte afectada.

También la recomiendan para quitar los dolores de muelas, usando un emplasto de la hierba con pasta de cebo de carnero, pudiendo inclusive llegar hasta "empastar" la carie. Fue esta cualidad de la que se valió un seudosanador que atravesó la isla de Cuba, para hacerle creer a la gente que realizaba curaciones milagrosas y empastaba las muelas de los presentes con "maná" del cielo.

El sabio Emilio Roig de Leutchering afirma que la infusión de anamú se puede utilizar contra las afecciones del sistema neurovegetativo, incluyendo el histerismo, pues las propiedades terapéuticas las debe a la presencia de un aceite volátil que ella contiene. Por otra parte, si hacemos un cocimiento (tisana) de anamú, aliviará la ronquera inmediatamente. Pero hay algo que tenemos que conocer sobre esta planta y es que, a pesar de ser una mata común, solamente la podemos arrancar cuando va a ser utilizada. Asegura el anciano osainista que es malo cortarla en los meses de octubre, noviembre y diciembre, pero el resto del año es benéfica. En el campo del folklore yoruba se afirma que cura la locura que le da a las personas poseídas por espíritus oscuros, empleándose como pólvora tostando sus hojas y flores. También, las casas pueden resguardarse de maleficios con una cinta roja detrás de la puerta. Para baños y limpiezas se puede utilizar con apasote y albahaca, cuando se tienen los pies hinchados y con yagas se hierve agregándole piñón de botija y caisaimón, pero sólo cuando la persona tiene los pies enfermos por haber pisado un bilongo o brujería. Por esto, si tenemos enemigos que les gusta hacer daño, es bueno ponerse unas ramitas de anamú en cruz, en cada zapato: nos aseguraron que no hay hechicería, ni daño que pueda entrar, pues contra el anamú nada puede, por esto se le llama "Mata bruja". Hay personas de mala fe que hacen un polvo con pimienta de guinea, anamú, peonía y cáscaras de maní, el cual puede provocar una tremenda discusión donde se riega; pero se debe tener mucho cuidado con esto, pues tal como obremos abajo, será nuestro juicio arriba, y con el tiempo, lo que se provocó puede sucederle a quien lo hizo. En la Regla de Ocha, los hijos de Yemayá y Obatalá no pueden andar con esta planta. Nombre latino: pretiveria alliacea Lin. Fam. Fitoláceas. Nombres comunes: apasote de zorro (Guatemala), ipacina (Nicaragua), zorrillo y hierba de las gallinitas (México), guinea hen weed (Jamaica), anamú (Cuba), mapurite (Venezuela) y pipí (Argentina).

Magia negra

Para limpiar viviendas infestadas por fuerzas nocivas se utilizan una serie de rituales no demasiado complicados, en los que interviene el agua, la sal, determinadas hierbas, aceite de oliva, sahumerios, velas, etc.; o bien un simple método como el de la sal y el vinagre. La creencia general de la Ciencia es que esta magia funciona por la propia autogestión del practicante que, después del correspondiente ritual y totalmente convencido de su efectividad, cambia de actitud negativa por una positiva que influye favorablemente en su entorno. No obstante, la extrañeza de algunas anómalas reacciones físico-químicas que desafían las leyes de la Física y la Química nos hace pensar en la intervención de fuerzas desconocidas en estas limpiezas y que nada tienen que ver con la autosugestión. Entre todos estos fenómenos, quizás el más espectacular es el ya citado de la sal y el vinagre.

El enigma del ritual de la sal y el vinagre

La sal y el vinagre son ingredientes míticos utilizados desde tiempos remotos en la Alquimia, en religiones, rituales de magia, etc. Son elementos tradicionales de la hospitalidad en muchos países.

El ritual de la sal y el vinagre se basa en una reaación entre ambos compuestos, que podríamos situar en la frontera entre la físico-química y la brujería. Es un proceso de limpieza muy antiguo, discutible si se quiere, pero que en la práctica elimina la nocividad o el maleficio en la mayoría de los casos.

Para efectuar el ritual se echa un puñado de sal marina o sal gorda en un cuenco de barro -una vasija de loza o vidrio sirve igual- que contenga un poco de vinagre en el fondo. El cuenco se pone sobre un plato sopero -para evitar manchas- y se deja en reposo en un lugar de la habitación que se quiere purificar (encima de un armario, dentro de un cajón o cualquier otro sitio donde no estorbe). Es entonces cuando ocurre lo insólito.

Si en el ambiente hay una negatividad, al día siguiente o antes comprobaremos cómo la sal ha trepado por las paredes interiores de la vasija llegando hasta el borde y baja por el exterior, derramándose en el plato, que para eso se pone. La velocidad de esta reacción depende de la intensidad de la negatividad y a veces tarda varios días en iniciarse. Normalmente, se deja en reposo durante un par de semanas, los expertos aconsejan 13 días. Si el ambiente está cargado y la sal ha remontado las paredes, habrá que limpiar el recipiente y repetir la operación con sal y vinagre nuevos por otros 13 días, y así sucesivamente hasta que no haya indicios de reacción. Esto indicará que la nocividad ha desaparecido. Si la primera vez la reacción es tímida, parece que con ello es suficiente y no hay que hacerlo de nuevo.

El aceite sagrado

Otra experiencia basada en reacciones químicas y que sirve para identificar la presencia de fuerzas maléficas, consiste en verter una capa de aceite de oliva, como de un centímetro, en un vaso lleno de agua.

Normalmente, el aceite flota en la superficie sin mezclarse con ella. Sin embargo, si en el ambiente hay una negatividad, al cabo de un tiempo (horas, días) el aceite se emulsiona con el agua.

Esto es difícil de lograr sin la presencia de un agente tensioactivo. Por tanto, se precisa una acción mecánica u ondas ultrasónicas, o sea, un considerable aporte de energía.

En definitiva, es posible que en las prácticas de magia negra se utilice inconscientemente el ingente potencial energético que se llama Energía del Punto Cero y que, con la adecuada información malévola proyectada desde lejos, se manifieste como fuerza nociva capaz de dañar a personas y a otros seres vivos. Reacciones como la sal y el vinagre, que requieren una cierta energía sutil, son capaces de distorsionar esta manifestación a los habitantes de esos ambientes infestados.

LA LEYENDA DEL GIRASOL

El girasol es una planta muy particular. Tiene flores grandes y doradas que giran buscando quedar frente al sol. Cuenta una leyenda guaraní que la vida de esta planta comenzó en un lugar a orillas del río Paraná, donde vivían dos tribus vecinas. Las caciques de ambas tribus, Pirayú y Mandió, eran muy buenos amigos y sus pueblos intercambiaban pacíficamente artesanías y alimentos. Un día, a Mandió se le ocurrió unir las dos tribus.
Para ello pidió en matrimonio a la hija de Pirayú. Pero éste le dijo que eso era algo imposible. Y le contó en seguida que su hija no se casaría con ningún hombre porque había ofrecido su -vida al "dios Sol".

Como Mandió se enojó mucho, Pirayú trató de explicarle de la mejor manera posible que Carandaí, su hija, desde muy pequeña se pasaba las horas al Sol y vivía únicamente para él y que por eso 100 días nublados la ponían tan triste.

-¡Esto es peor que un desprecio! -grito Mandió. Y sin dar tiempo a que Pirayú tratara de calmarlo se alejó prometiendo venganza.
Pirayú se quedó muy triste y preocupado, porque pensaba que su amigo castigaría a su pueblo. Y por desgracia, al cabo de varios días sucedió lo tan temido. Carandaí se desplazaba en su canoa por el río, contemplando la caída del sol, cuando de pronto vio resplandores de fuego sobre su aldea. Llena de

angustia remó con todas sus fuerzas hacia la orilla, pero al saltar a tierra, una trampa hecha con gruesas barras de madera cayó sobre ella y la inmovilizó.

-Ahora tendrás que pedirle a tu dios que te libere de mi venganza -dijo Mandió, riendo con expresión cruel.

-¡Oh, Cuarahjí, mi querido Sol -susurró Carandaí. ¡No permitas que Mandió acabe conmigo y con mi pueblo! ¡No lo permitas!

Casi no había terminado de hablar cuando Cuarahjí envió a la joven un remolino de potentes rayos, que la envolvieron haciéndola desaparecer de la vista de Mandió.

Y en el lugar donde había estado Carandaí brotó una planta esbelta, con una flor dorada que, al igual que la princesa, siguió siempre, con su cara al cielo, los derroteros del Sol.

Dentro de la mitología clásica, el girasol también encuentra su leyenda. En ella, la ninfa Clitia, amada y abandonada por el dios Apolo, dejó de ingerir alimentos y agua hasta morir. Este acto conmovió a Apolo que la convirtió en la única flor con la mirada siempre puesta en dirección al sol. Y también en la Europa del siglo XVIII esta flor siempre ha suscitado la predilección de los monarcas; así en la corte francesa, Luis XIV, el rey Sol, eligió de entre todas las flores al girasol como su favorita.

Leyendas aparte, la inclinación de esta flor hacia el Astro rey tiene su origen en las diferencias del crecimiento del tallo; la parte a la que no le da el sol crece más rápido, y por eso, estas flores se inclinan "respetuosas" hacia sus rayos.

ACEITES CURATIVOS

Los aceites y ungüentos son preparaciones de gran utilidad para lograr la curación de ciertas afecciones.preparan con hierbas, aceites vegetales, cera de abejas, tallos, hojas, semillas, etc.

Para comenzar a preparar un buen aceite partimos de la base de un aceite de girasol, oliva, de maíz, de uva o de semillas de calabaza. Si bien hay otros aceites, para estar seguros de sus bondades, utilizamos nada más que aquellos que son comestibles. Lo ideal sería usar aceites en su estado natural sin refinar, pero esto puede aceptarse aún.

Se necesitará también un frasco de vidrio transparente, sin color, y por supuesto el componente principal que le dará al aceite su reputación de curativos; las hierbas.

Por lo general para preparar el aceite se utilizarán las raíces o tallos, es mejor que estén en maceración por 21 días. Al final de la maceración ya tenemos el aceite curativo para diferentes usos que varía de acuerdo a la hierba usada.

No olvide que en todos los casos el aceite está indicado para uso externo solamente.

EL MÁGICO MAÍZ

Para los creyentes de la Regla Ocha o Santería, las plantas -ewes- tienen una influencia vital, ya que actúan con asombrosa determinación en la vida espiritual de los creyentes. Ellas son consideradas como verdaderas fuentes de vida por las fuerzas sobrenaturales que de ellas emanan, representadas por su oricha mayor, Osaín, dueño absoluto de la vegetación terrestre, botánico por excelencia. Por lo antes expuesto, no es de extrañar que los yorubas, sagaces observadores de todo lo que les rodeaba, especialmente de la Naturaleza, pudieran advertir los beneficios que el cultivo del maíz les brindaba en su vida cotidiana, dándole un lugar simbólico en su religión.

En entrevistas realizadas de forma independiente a un grupo de santeros, con no menos de cinco años en la religión, y pertenecientes a diferentes familias y tradiciones religiosas; estuvieron todos de acuerdo en que "el maíz es tan mágico que pertenece a todos los santos", se utiliza en todas las ceremonias porque es benefactor, da desenvolvimiento, prosperidad, en fin, atrae sólo cosas buenas.

En su conocido libro "El Monte" (1993) Lidia Cabrera explica que sus nombres tradicionales son agguáddo, abáddo, oká y que además, en congo es masango: las mazorcas asadas se le ofrecen a Babalú-ayé, los granos tostados a Eleggúa, Oggún y Oshosi, y cortadas las mazorcas en varios trozos, a Oshún y Yemayá. El maíz para los creyentes es tan mágico, que para entrar a los lugares sagrados como el monte y el cementerio hay que dejar una ofrenda entre cuyos componentes se encuentra este cereal.

Según ellos, los trabajos que contienen maíz se realizan sobre todo cuando falta el dinero; por eso la harina y la paja de esta gramínea regada por los rincones de la casa atrae el dinero, también se emplea para purificar la casa y alejar todo lo malo entre otras formas de limpiezas.

No es de extrañar que al llegar a una casa templo frente a algún fundamento de un oricha, se halla un recipiente con agua y rueditas de maíz, de acuerdo al número que le corresponda al santo que se ha invocado. Por lo general es Yemayá, por lo que serían siete rueditas. Esto se realiza para solicitar desenvolvimiento en la vida por una situación determinada del creyente. Se cree que al germinar estos granos en ese medio húmedo, y a medida que van creciendo las plántulas, los problemas se van resolviendo.

En las fiestas de cumpleaños de santo es tradición ofrecer a los orichas y después a los asistentes dulces caseros. Entre ellos se encuentra la harina dulce, según los creyentes muy gustada por Oshún. Después que se ha terminado la actividad el resto que ha quedado de la harina dulce se lleva a la acera de la calle y a cuatro esquinas en homenaje a Eshú.

De las ceremonias de la Regla Ocha o Santería, la de Iniciación o Asiento reviste gran importancia en la vida del creyente, porque es en ese momento cuando el iniciado recibe el santo que va a regir su vida en lo adelante. Esta compleja ceremonia se realiza durante siete días y en ella se realizan varios ritos donde el maíz está presente.

Otra ceremonia que reviste importancia es el Apaciguamiento. Éste es un rito funerario que se realiza al creyente que ha fallecido, por lo que hay que "despedir y refrescar" a ese hijo de santo que va al mundo de los espíritus, preocupación de todos los creyentes de esta expresión religiosa. Una de las fases de este momento es la preparación de la jícara que acompañará al difunto a su última morada, dentro de la que se colocará entre otras cosas maíz tostado y paja de maíz el que puede ir dentro del féretro o llevarlo antes al reino de Yansá (cementerio) y echarlo en la fosa previo a la llegada del cadáver.

La medicina y el maíz

Es posible encontrar detrás de la puerta de una casa donde vive un creyente de la Regla de Ocha, mazorcas de maíz seco untadas con manteca de corojo y atadas con una cinta de color rojo; ellos expresan que de esa forma se evita la entrada de las enfermedades al hogar.

En épocas de enfermedades generalizadas, es recomendación de los santeros llevar una bolsita con granos de maíz con alcanfor como protección del mal. También el maíz tiene varios efectos para curar diferentes enfermedades, uno de ellos, el más conocido, es como un enérgico diurético y en general para problemas renales de cálculos, arenilla en el orine, entre otros, usando para ello las flores femeninas, conocidas como peluzas o barbas de la mazorcas. También son magníficas para otras dolencias: intoxicaciones, cólicos etc. La tusa del maíz se utiliza para secar el sarampión y eliminar la erupción que éste deja en el cuerpo, también se utiliza para aliviar el dolor de cabeza.

La calabaza (Auyama)

La auyama es originaria de la India. Se cultiva espontáneamente y se expande hacia los terrenos que la circundan a una velocidad asombrosa. Las hojas de la planta tienen forma acorazonada, muy amplias y arrugadas. El fruto es carnoso, redondo o abotijado y su pulpa amarilla, carnosa, contiene decenas de semillas las cuales, trituradas o en forma de horchatas son empleadas para expulsar lombrices estomacales.

En su libro de Plantas Medicinales, el Dr.Grosourdy plantea que la pulpa de la auyama es muy buena para cataplasmas; se puede utilizar lo mismo cruda que cocinada. También esas pepitas que brotan al realizar los cortes del fruto, sirven para preparar emulsiones muy buenas y refrescantes altamente eficientes en los tratamientos para adelgazar. Consultando el libro del Dr.Gómez de Maya, experimentado botánico y farmacéuta, hallamos una receta en la cual se afirma que con 45g de semilla de calabaza y 2 cucharadas soperas de azúcar, moliéndolo todo en un molinillo, se obtiene un preparado que tomado en ayunas hace expulsar terribles parásitos como la tenia saginata o lombriz solitaria, en una sola dosis.

El aceite que se extrae de las semillas puede ser utilizado tanto en laboratorio, como en uso médico. Se considera refrescante y calmante en casos de nefritis, inflamaciones de la vejiga y problemas de la uretra, pues posee las propiedades de un antihelmíntico. También el sumo de la planta es muy efectivo para combatir el eczema o pie de atleta.

En horchatas o trituradas, las semillas de la auyama constituyen un excelente remedio para el ardor que produce la sistitis. Si tenemos irritación intestinal podemos hacer una tizana o cocimiento con la pulpa del fruto, exactamente 30g de pulpa en 1 litro de agua. Las mismas semillas, hechas papilla, son un remedio eficaz para aliviar las quemaduras de la piel, y las flores de la planta, hervidas, alivian la gripe y la tos.

Nombre científico: cucurbita maxima Duch. Fam. Cucurbitácea. Nombres populares: calabaza amarilla (cuba), auyama (Venzuela), pumpkin (Estados Unidos).

Leyenda de la auyama

El monte es como un templo que nos da todo lo que nos hace falta para vivir. De ahí salen todos los colores, porque de él brotan las mariposas, los pájaros y las flores. Ochún hizo la primera lámpara del mundo con una calabaza y bailó con su luz puesta en la cabeza.

La leyenda de la auyama comienza cuando Olofi (dios) hace una fiesta para invitar a todos los orischas y les regala a cada uno, como ofrenda, una auyama. A los orischas no les gustó ese regalo, lo consideraron muy insignificante. ¡Por Dios, una simple auyama!, exclamaron todos y las dejaron abandonadas en el camino, despreciando así el regalo de Dios.

Pero uno de los más pobres invitados, Obbara, que apenas se atrevía a asistir a la fiesta debido a su pobreza, no reaccionó así, sino que agradeció lo que se le dio y se llevó tanto la suya como las auyamas que los demás habían despreciado. Al llegar a su choza, tomó la auyama más pequeña y la abrió; ¡cuál no sería su sorpresa al encontrarse el interior de la calabaza lleno de oro! Entonces Obbara se compró un caballo blanco y fue hasta la casa de Oloff a agradecerle tan buen regalo que le colmó de riquezas.

Por eso, cuando el santero lee el porvenir de una persona en el "itá" y le sale la letra o el signo "obbara melli" deben respetar la auyama y no pueden comerla, ni regalarla a nadie, pues significa que son hijos legítimos del orischa Changó que en su camino fue Obbara. Pero la calabaza o auyama no le pertenece a Changó, sino a Oschun.

Otra leyenda, ésta guaraní, conocida en buena parte de Corrientes, Misiones, Sur de Brasil, y Paraguay, relata que el primer hombre Guaraní, tenía un hijo que la muerte arrebató prematuramente. Después de cumplidos los ritos funerarios le dio sepultura en una calabaza, en la que puso collares de dientes de yaguareté y colmillos de yacaré, así como una pareja de teyúes muertos (iguanas) y matas de ajo para espantar a las víboras. Por último colocó en orden flechas y macanas del joven indio. A la mañana siguiente vio el cacique con asombro que de la calabaza salían enormes peces y aguas torrentosas. Todos buscaron refugio en los árboles dado que las tierras se inundaban rápidamente. Así se formaron los ríos, arroyos, y lagunas.

Osain

Mucho hemos escrito sobre los secretos que guarda el monte, a través de estás páginas en la cuales siempre tenemos un tema interesante que comentar con nuestros lectores, sobre árboles, yerbas, leyendas y tradiciones, en el campo de la magia y de la medicina popular -conocida hoy como medicina alternativa-, y que no es de cuestionar, pues responde al llamado de nuestro origen. Además de que nadie puede negar el papel de las plantas como agentes valiosos de la salud; para el buen augurio y la prosperidad, y como ayuda inmediata ante alguna situación de emergencia: nuestro pueblo es mestizo física y esperitualmente, y los pueblos autóctonos, como el africano y indígena, que son los más entendidos en esta materia, poseen un enorme caudal de conocimiento de las virtudes curativas y mágicas que esconde el monte.

Un curandero con quien conversé con fines investigativos me dijo en cierta ocasión: "ellas (las plantas) curan pues ellas mismas son brujas".

No podemos pasar por alto que ese monte del cual estamos conociendo tanto, tiene su propio dueño dentro del folklore yoruba. Se trata de "Osaín", el adivino, el dueño de la hierba, el monte y su vegetación. En el sincretismo católico Osaín tiene su presencia en San Antonio Abad y San Silvestre, aunque algunos paleros entrevistados por nosotros nos han comentado que devería venerarse en "San Ramón non nato", pues Osaín es un orischa que no tiene padre ni madre, aparección, no nació, salió de la tierra y al igual que la yerba no es hijo de nadie.

Esta deidad poderosa no posee más que un solo pie, el derecho, un brazo, el izquierdo y un ojo. Una de sus orejas es grande, pero sorda, y la otra es pequeña, pero capaz de percibir el vuelo de una mariposa y el paso de una hormiga. Su aspecto es horroso y le gusta aparecércele a la gente trasnochada, pidiéndoles que le den lumbre a su tabaco o pipa; él se complace asustándoles, saliéndoles al paso. Osaín también es un cazador por excelencia y manipula el arco y la flecha con su único brazo.

Muchas personas confunden a Osaín con Elegguá, incluso en las ceremonias o toques de santo, donde él baila igual que Elegguá, en un solo pie. Pero en realidad, Osaín no es el guardián, sino el dueño del monte y sus secretos, conocimientos y virtudes solamente son dados a los babalawos, a quien Osaín le informa qué yerba o remedio utilizar según el caso.

Osaín "habla" metido en un güiro (en voz baja y fañosa) y puede vivir dentro de soperas y güiros. Algunos santeros los preparan pues tienen un papel importante en las religiones y culturas místicas de nuestro pueblos. Pues todos están dotados de alma, inteligencia y voluntad como todo lo que nace, crece y vive bajo el sol y la luna como naturaleza misma que Dios nos regaló en su creación.

Por lo tanto, sea como Osaín, o san Silvestre o San Antonio Abad o San Ramón non Nato; lo cierto es que debemos dar gracias al Creador por darnos este regalo de un monte lleno de secretos, que a través del tiempo vamos descubriendo para nuestro bienestar y para alabanza y gloria de su nombre.

Descripción de la planta

El pino es un árbol que crece preferentemente en las colinas y sierras, aunque también es muy común verlo sembrado en avenidas, parques, carreteras, cementerios y hasta en las entradas de algunos hogares, para decorar su entorno. Tiene una altura máxima de unos treinta metros y su tronco puede medir hasta 1,5 metros de diámetro. Su corteza es gruesa, cuarteándose con el tiempo en placas irregulares; sus hojas son de dos clases: las peimeras lineales o escamiformes, las secundarias forman el follaje ordinario estrictamente lineales. Las robustas ramillas son lampiñas, y los conos son estrechamente cónicos cuando están cerrados. En las escamas redondeadas, casi planas, se forma un botón que lleva una pequeña espina formándose semillas en la base de cada escama.

Propiedades medicinales

El pino tiene altas propiedades curativas, en la medicina alternativa, tanto en su raíz, sus hojas, sus escamas y hasta en su resina. Con la raíz, por ejemplo, se puede hacer una especie de aserrín que mezclado con su resina y alcohol de 90 grados se logra un frasco de fricciones para el reuma y dolores de artrosis.

La resina sola se puede utilizar para prevenir la eczema o pie de atleta, pues cuando comienzan a salir las burbujitas de agua en la piel, si aplicamos su resina en la parte afectada, ésta se seca y desaparece la burbujita de la piel. También la resina disuelta en jugo de limón se puede utilizar para fricción, especialmente cuando tenemos dolor reumático.

De la raíz podemos hacer una loción que controla la caída del cabello. En algunos países las hojas del pino se emplean como ingrediente para preparar Prú, una bebida refrescante y depurativa.

La decocción de la corteza del leño es muy utilizada en paciente de gota y afecciones reumáticas. El Dr. Fernando Caiñas cita en su libro que cinco botones de los que se forman en las escamas, por litro de agua hirviendo, constituye un excelente remedio para la impotencia en los hombres, con la dosificiación de tres tazas al día. Este remedio él lo receta también a

pacientes con bronquitis, blenorragia e inflamación del aparato genito uri-
nario para ambos sexos, con la misma dosificación anteriormente expuesta.

Por su parte, los indígenas de Nueva Zelandia usan la corteza del pino
como astringente y para combatir la enfermedad llamada Beri-beri, y utilizan
sus gajos por sus propiedades refrescantes para combatir la sed y en cataplasma para aliviar quemaduras causada por el sol y en inflamaciones cutáneas.

La leyenda

Como el monte es mágico siempre se le atribuyen a las plantas y árboles
que en él habitan una deidad como dueño y el pino no es la exepción. En el
folclor yoruba se le adjudica a Changó como dueño de esta árbol, de ahí las
propiedades curativas de esta planta en general, pues cuenta la leyenda que
Changó es ahijado de Osaín y éste le dio a conocer sus secretos.

Pero no solamente su magia alude a lo medicinal, ya que tradicionalmente
también se dice que es bueno sembrarlo en las entradas de los hogares, pues
puede traernos la buena suerte.

Si está interesado en sembrar alguno frente a su residencia, dicen los entendidos en esta materia que se debe pagar el derecho con cuatro o seis mon-
edas, antes de comenzar la ceremonia de sembrarlo; cuatro huevos deben ser
ofrendados junto con la sangre de un gallo, el dueño de la casa debe permanecer en cuclillas y terminar de pie la ceremonia, invocando siempre a
Changó. Cada año deberá alimentarlo con la sangre de un gallo, y el santo le
dará como agradecimiento el crecimiento del árbol: así como crece el árbol,
crecerá su prosperidad y buena suerte. No debe dejar que alguien corte alguna rama, pues perdería su magia, y mucho menos decir que está sacramenta-
do.

El pino navideño

Buena parte de la tradición del árbol de Navidad se origina en una leyenda europea: se dice que durante una fría noche de invierno, un niño busca-
ba refugio. Lo recibieron en su casa un leñador y su esposa y le dieron de
comer. Durante la noche, el niño se convirtió en un ángel vestido de oro: era
el niño Dios. Para recompensar la bondad de los ancianos, tomó una rama
de un pino y les dijo que la sembraran, prometiéndoles que cada año daría

frutos. Y así fue: aquel árbol dio manzanas de oro y nueces de plata. Por su parte, los germanos vestían sus árboles en invierno (cuando perdían hojas) para que los espíritus buenos que en ellos habitaban regresaran pronto. Los adornos más comunes eran manzanas o piedras pintadas. Se dice que éste fue el origen de los adornos. Las bolas de cristal se incorporaron alrededor del año 1750 en Bohemia. La costumbre del árbol se extendió por Europa y América durante el siglo XIX.

EL MATE

A pesar de su denominación, la yerba mate no es una planta herbácea, sino un árbol de la familia de las aquifoliáceas, al que los guaraníes consideraban poseedor de propiedades divinas. Mucho antes de conocerse su composición química, la consumían cocida para incrementar la resistencia a la fatiga y para mitigar el hambre y la sed. El polvo resultante de moler las hojas era utilizado por los hechiceros con fines adivinatorios: lo absorvían por la nariz y gracias a sus efectos entraban en trance. Este saber se fue transmitiendo a otras tribus y el intercambio de las hojas llegó a adquirir tal poder que, en muchas regiones, se convirtió en el equivalente de la moneda de cambio.

Los jesuitas pronto comenzaron a cultivarla en sus misiones y, de hecho, el primer estudio conocido sobre su preparación y consumo fue obra de un jesuita español: Francisco José Sánchez Labrador, quien vivió en el Río de la Plata en el siglo XVIII y desmintió las teorías de su época, según las cuales la yerba mate era perjudical para la salud.

Y el tiempo le ha dado la razón. Son ya numerosas las investigaciones sobre las propiedades medicinales del mate y todas ellas, con ligeras variantes, apuntan a lo mismo; sus hojas poseen gran cantidad de vitaminas y minerales, entre ellos magnesio, potasio, litio, hierro, ácido fólico y calcio.

Los médicos naturistas lo recomiendan para un elevado número de afecciones: artritis, hemorroides, retención de líquidos, obesidad, fatiga, estreñimiento, alergias y fiebre del heno.   Asimismo destacan algunas de sus propiedades: limpia la sangre, tonifica el sistema nervioso, retrasa el envejecimiento, estimula la mente, controla el apetito y activa la producción de cortisona. Otros científicos han confirmado que el mate contiene mateína, que se distingue de la cafeína en que es menos estimulante y tiene efectos más tonificantes y energéticos. No obstante, si el consumo es excesivo, puede llegar a producir una sobreexcitación y deshidratación debido a su acción diurética.

En Argentina, Paraguay, Uruguay y Brasil, la yerba mate es la bebida nacional. No obstante, su consumo se está extendiendo rápidamente a Estado Unidos, los países árabes y Europa, ya que estas poblaciones han descubierto que es un remedio adelgazante ideal que facilita la pérdida de peso de forma natural, sin sensaciones angustiosas de hambre y sed.

Preparación y consumo

Puede comprarse en bolsitas y dejarla macerar en agua caliente igual que otras infusiones.

Lo ideal es consumirla al estilo tradicional, con la hojas secas y picadas que se sirven y toman en la bombilla. Primero se introduce un poco de agua tibia para humedecer la yerba y se deja que actúe 3 ó 4 minutos. Una vez hinchada la yerba, se añade agua caliente, cuidando que caiga hasta el fondo del recipiente. Hay que evitar mover mucho la bombilla, que debe permanecer firme y no ser trasladada.

Cada servicio de agua da para sorber entre 4 y 6 tragos largos. Vuelve a servirse agua y a repetirse la operación. Cada carga de yerba permite servir varias docenas de raciones. Se bebe caliente y suele tomarse helada (tereré)

En el monte no sólo se encuentran yerbas medicinales que nos curan de cualquier mal o enfermedad, o con ciertos árboles que nos dan sus frutos y sus ramajes como remedios eficaces, y la tierra, esa hermana tierra fértil y mágica que nos regala la madre naturaleza, que pare todo un caudal de medicina mágica alternativa.

En las sabanas de ese inmenso y secreto monte también existe una piedra sagrada, santa por nacimiento y bendita por el mismo Jesús, la cual, según la tradición oral, Cristo bendijo y entregó a la samaritana del pozo como regalo de buena suerte (aunque esta afirmación no la recoge ninguno de los Evangelios de Mateo, Lucas, Juan y Marcos).

Esa piedra santa no es otra que la santísima piedra imán, un talismán para la prosperidad, suerte y algunos dicen que hasta para lograr ciertos hechizos de encantamiento.

Es negra y dura y la podemos encontrar fácilmente en las zonas de sabana cuando el sol es caliente y fuerte pues ella brilla intensamente ya que está compuesta de limaduras de hierro y acero, por supuesto, también podemos adquirirla comprándola en cualquier tienda de objetos religiosos.

Toda persona que la obtenga no tiene que hacer un ritual especial para energetizarla o bautizarla, sólo basta creer fielmente en sus poderes y al rezarle o pedirle hacerlo con fe y con amor.

Se debe lavar con agua de manantial, luego se bautizará en el nombre de Jesús rociándole el agua de manantial con sal, nos arrodillamos, prendemos dos velas blancas y ante una imagen de nuestro salvador Jesucristo, tomándola en las manos decimos: "Imán yo te bautizo en el nombre de Dios Padre, de Dios Hijo, yo te bautizo y en el nombre del espíritu santo imán eres y imán serás y para mi fortuna y suerte te llamarás". Luego rezamos un credo, y tres Padre nuestro. Hay diversas maneras de bautizarla, pero la forma más antigua conocida desde nuestros abuelos es esta, aunque también existe el ritual de ponerla en una vasija con canela, benjuí y mirra en polvo, y hay otro más fácil que consiste en rociarle agua bendita por encima, desde luego lo más importante de todo esto reside, como dije anteriormente, en el deseo de hacerlo con mucha fe.

Es bueno después de tenerla llevarla encima, incluso cuando visitemos la iglesia para escuchar la santa misa, pues al mismo tiempo ella está recibiendo el poder de la oración del sacerdote.

En otras culturas de diferente credo como es la religión africana o conga también le dan uso a esta piedra imán como talismán, de hecho todo santero babalow, incluyendo a los que practican la religión de palo mayombe, la tienen como una de sus prendas de trabajo o hechicería. Sólo que ellos les dan diferentes usos y diferentes son los rituales que llevan para energetizarla o bautizarla.

En la santería o Regla de Ocha, tanto los santeros como los babalow, tienen diferentes formas de prepararlas, pero en este caso lo preparará el santero o el babalow, nunca la persona que la lleva. En el caso del babalow pedirá un coral, una pieza de plata y una pulserita o muñequita de oro, prepararan un omiero, una jofaina de agua con yerbas que correspondan a cada uno de los orichas que existen en la religión africana, incluye agua de azahar, agua bendita, agua ardiente, una clara de huevo, cascarilla, y polvos de pescado y jutia ahumada, una llavecita de oro, una de plata y otra de cobre. Se comienza un ritual donde se le canta y reza a Osain, ya que es el dueño del monte, para luego cantarle y rezarle a los otros orischas o santos, lavándose la piedra para luego colocarla aparte en una cazuelita. de barro rezándosele la oración dedicada a la piedra, luego se pasa por un sahumerio, luego se le entregará a su dueño quién debe comprometerse a rezarle todos los jueves santos. Los santeros las preparan de otra forma y los paleros de otra mucho más complicada que la anterior expuesta.

JERGAS SAGRADAS

En los comienzos de la esclavitud en el Nuevo Mundo fueron muchos los representantes de diversas tribus yorubas que se asentaron en las distintas colonias. Aunque por el solo hecho de haber sido reconocidos como yorubas hablaban una lengua madre común, también es un hecho que entre éstos llegaron a identificarse hasta 19 dialectos diferentes, los cuales se hablaban entre miembros de las diferentes tribus.

Esta diversidad lingüística, acompañada de la carencia de escrituras que obligaba a la trasferencia oral de todos los conocimientos -incluyendo los de la propia lengua-, trajo como consecuencia que, con el paso de los años, el yoruba se mezclara con los dialectos, llegando a formarse una enmarañada trama lingüística, necesaria para que esclavos de diferentes etnias y pueblos de Africa pudieran entenderse entre sí. Por esta causa, en las antiguas colonias europeas del Nuevo Mundo, las lenguas y dialectos originales africanos se fueron perdiendo poco a poco con el tiempo.

Entonces, puede llegar a comprenderse el por qué hoy en día la mayoría de los sincretismos yoruba-católicos del Nuevo Mundo, en la práctica cotidiana de sus respectivas liturgias, hacen uso de diversas "jergas sagradas" que generalmente no se corresponden con el idioma original que se habla en el país de los Orishas. Esto último acentúa aún más la individualidad que el yoruba reconoce en los cultos sincréticos, ya que hasta la lengua empleada por éstos en sus rituales resulta ser una muy particular, resultado de la mezcla de los diferentes dialectos y lenguas madres existentes en las antiguas colonias del continente americano. Por lo tanto, el yoruba no sólo entiende íntegramente la "jerga sagrada" que exhiben sus sincretismos, sino que, entre los propios miembros de éstos, en su mayoría, tampoco se entienden entre sí en esa lengua, la cual sólo utilizan en rezos y cantos aprendidos de memoria, pues con ella les resulta imposible estructurar oraciones y frases completas.

Por ello encontramos a muchos mambos, padres y madres de santo pertenecientes a los subsistemas yoruba-católicos del Nuevo Mundo que no son capaces ni tan siquiera de traducir literalmente lo que expresan en sus rezos y cantos sagrados. Mucho menos lo son de entenderse entre sí. De ahí que, como lo que hablan estas personas no es lengua yoruba propiamente dicha, sólo puede afirmarse con seguridad hasta ahora, que se expresan en una "jerga sagrada" que no ha podido ser catalogada de manera exacta por los especialistas hasta la fecha.

El practicante de yoruba cree fielmente en los efectos trascendentales de los sonidos a través del lenguaje y por esta causa da mucha importancia a la integridad idiomática a la hora de realizar los actos sagrados. Los sonidos de su lengua original no son los mismos que se producen en la "jerga sagrada" de los sincretismos, por esta causa es de esperarse que los resultados originados por los mismos también sean de índole diferente, aunque aquí no se cuestione la calidad de estos últimos.

Plantas medicinales

Desde épocas remotas el hombre tuvo que aprender a vestirse, comer y curarse. Para ello debió mimetizarse con su entorno y aprender del comportamiento de los animales, que basados en su instinto sabían seleccionar las especies que eran consideradas comestibles, de aquellas consideradas como medicinales y también tóxicas. Este aprendizaje le demandó largo tiempo y no todos estaban preparados de igual manera para llevarlo a la práctica.

Sin embargo, en las primitivas aldeas hubo quienes desarrollaron un conocimiento más profundo y una adaptación al medio de forma muy superior al resto: ello motivó la aparición de los primeros chamanes quienes no solo tenían a su cargo el manejo de los problemas de salud de sus congéneres, sino que podían pronosticar cuáles eran las mejores épocas para el cultivo de sus semillas y la época de recolección.

Dentro de las llamadas civilizaciones avanzadas, los Egipcios dieron muestras de un profundo conocimiento médico, y a través del papiro de Ebers (primer documento médico de la antigüedad descubierto en 1872) demostraron las virtudes de muchas plantas medicinales en salud humana. En Egipto, quienes profesaban el arte de curar era la casta sacerdotal perteneciente a los Brahamanes.

En épocas pretéritas, los Chinos dieron una muestra acabada de la aplicación de las hierbas medicinales, según se señala en tratados como el Pen´tsao, reeditado y revisado durante las sucesivas dinastías. También la India ofreció su saber a través de obras fundamentales como el Susruta y Vagabhta, donde se mencionan las virtudes de cientos de plantas medicinales.

En Grecia entre el siglo IV y III antes de Cristo surge la figura de Hipócrates, el "Padre de la Medicina", quien no sólo dio las directrices del correcto empleo de las plantas medicinales, sino también fundó los conceptos básicos de la semiología moderna, propició el ayuno, la hidroterapia y el valor de una correcta nutrición para tratar dolencias, y finalmente sentó las bases de lo que hoy conocemos como higiene.

En la Edad Media el empleo de las plantas medicinales sufre un proceso de estancamiento y descrédito merced a la intemperancia de la Santa Inquisición que en su famosa "caza de brujas" mandó quemar en la hoguera a cientos de hombres y mujeres (curanderos de la época) que realizaban "conjuros con los poderes demoníacos" durante sus actos terapéuticos. Únicamente en los monasterios se centró el arte de curar, gracias al enjundioso trabajo de monjes y sacerdotes que tradujeron del griego y del latín las primitivas obras sobre el empleo medicinal de las hierbas. Eran famosos sus huertos y sus preparados en forma de vinos medicinales, tradición que aún hoy se conserva (licor monacal y benedictino).

Durante la conquista de América los sacerdotes y frailes que se trasladaron al Nuevo mundo llevaron sus conocimientos médicos, los cuales se vieron enormemente enriquecidos por el contacto con chamanes indígenas que les trasmitieron su saber respecto del empleo de las plantas medicinales americanas. El hecho de realizar la señal de la Cruz por parte de los indígenas fue aprendido de los españoles, para evitar y alejar "conjuros sospechosos" de otras fuerzas espirituales. La amplia brecha entre las naciones industrializadas y los países del Tercer Mundo arrojó una importante masa de habitantes que no pueden, por el momento, acceder a la medicina convencional. De ahí que la Organización Mundial de la Salud (OMS) propiciara a mediados de los '80 la aceptación y puesta en práctica, por parte de las autoridades gubernamentales, de las mal llamadas Medicinas Alternativas, dando un especial interés a la investigación y prescripción de hierbas medicinales.

Segunda parte
Folclor médico cubano

Hacia finales de los años setenta, por indicación del folclorista cubano y director de la revista SIGNOS, Samuel Feijóo, el entonces muy joven amigo nuestro, poeta y editor de editorial Capiro, Ricardo Riverón, recogió para esta revista que actualmente dirige, muchos remedios populares, pletóricos de anécdotas y giros ingeniosos, generosamente ofertados, en su mayoría, por sus vecinos y amigos más cercanos del batey del central Carmita, del municipio villaclareño de Camajuaní. Aquellas recetas nunca se publicaron, y Riverón ignora si a Feijóo se le quedaron en el tintero para alguno de los números de su legendaria revista que bullían en su mente y no pasaron del proyecto. La cuestión es que con el curso de los años, nuestro amigo olvidó del todo aquella apurada recopilación que había hecho casi sin amor. Hasta que recientemente René Batista Moreno, otro folclorista discípulo de Feijóo, quien había tenido el cuidado de mecanografiar las recetas y conservar los manuscritos, se las devolvió con inenarrable sorpresa para el recopilador: "Confieso que quedé deslumbrado con lo que delante de mis ojos tenía: tanta ingenuidad, picardía, humor, sabiduría, poesía, costumbrismo, idiosincrasia, imaginación… Aunque me costaba trabajo creer que yo había procesado tan valioso testimonio, decidí, sin mucho prurito, escribirle una introducción para dejar de ser el recopilador inconsciente, y de tal suerte -enriquecidos ya en mi mente los relatos por su condición de historias que se contaron a sí mismas- darlos a la publicidad en un número de la revista dedicado a los pequeños pueblos".

El rico folclor médico de los campos y pequeños poblados cuenta en Cuba con excelentes textos: Plantas medicinales, aromáticas o venenosas de Cuba, de Tomás Roig y Mesa, que junto a los dos libros de José Seoane Gallo: El folclor médico de Cuba y Remedios y supersticiones en Las Villas, han venido adquiriendo, cada vez con más fuerza según pasan los años, el añejo y dulce sabor de los clásicos. En lo esencial, la mayor parte de los remedios presentados en este trabajo, ya habían sido recopilados por Seoane Gallo en

43

sus imprescindibles obras, pero difieren de aquellos en el plano formal, en sus anécdotas y aplicaciones específicas a una u otra enfermedad en virtud de características regionales.

El ungüento de Magdalena

No hay pueblo pequeño como el batey de un central azucarero. Porque el batey es el límite donde se torna confusa y sinuosa, en progresión cada vez más creciente, la frontera entre el pueblo y el campo ("la placa" y "el verde", diría, tal vez, Argelio Santiesteban). Y es que allí, en el batey, conviven e interactúan como en ninguna otra parte, en incestuosa y fértil hibridez fecundante, las esencias culturales de ambas atmósferas.

Aunque no todos los bateyes de ingenios son lo mismo, en la mayoría se aprecian rasgos comunes que parten de la existencia de una elemental y precaria infraestructura urbana: fonda, enfermería, farmacia, correos, escuela, calles y aceras, parque, iglesia, bodega, casilla, kioscos, bar, gasolinera, barbería, talleres de remendón y de fogonero, estación de ferro- carril, oficinas, planta eléctrica, terreno de béisbol (o plan de pelota) y, por supuesto, casas -casi siempre pintorescos bungalós al estilo sureño.

Tales espacios son compartidos, sin mucha pugna, con otros de vigorosa estirpe rural como: carretas de bueyes, carretones de mulos, tractores, bohíos, velorios de santos, toques de fotutos, corrales de puercos, pilones de arroz, patios de gallinas, amplios clubes de fans de la música mexicana. ..sitios todos donde transcurren, entre otras, las vidas de: desmochadores de palmas, macheteros, mecánicos de turbinas y centrífugas, repentistas, monteros, amas de casa, comilones, mentirosos, vagos y -¡claro que no podían faltar!- "médicos" populares, con su sabiduría, algunas veces honda y validada por la práctica, otras delirante y surrealista en su catauro de unturas, rezos; supersticiones, cocimientos, caldos, coprofagia y otras tantas variantes más que recetan a diestro y siniestro, muchas veces como única opción ante la falta de médicos titulares que pareció ser, antes de 1959 y hasta el arribo del Médico de la Familia en los años 80, una de las carencias más notables de casi todos los bateyes.

Pero en el batey también ha hecho vida, y ostentado sus costumbres, una pedestre clasecilla media -el administrador, la empleomanía económica, los químicos, los maestros de azúcar, los jefes de maquinaria y de campo, y algunos más-, casi siempre portadora de códigos culturales reproductivos de lo más pueril e intrascendente de la "cultura citadina", aunque todo en pequeña escala e inauténtico, como aquellas escenografías de cartón piedra de los primeros filmes que produjera la Warner sobre Tarzán, el hombre mono.

Claro que esa naturaleza ecléctica de la comunidad no es una gracia privativa de los bateyes, pues en los pueblos mayores también se han apreciado tales singularidades; pero en el batey, dada su pequeñez y la obligada concurrencia a sitios comunes -el área de dominó o de TV del Sindicato, las tertulias del portal de la bodega, el circo ripiera, los juicios populares, los paseos por las "avenidas" delimitadas con crotos o palmeras, los guateques y canturías de lo que podría ser el área suburbana, sumados a los bailes del círculo social y las proyecciones en 16 mm del carro del ICAIC-, han hecho que la contradictoria convivencia se funda en una aleación más orgánica y medular, lo mismo que las viandas en un ajiaco espeso y picante.

En el batey del central "Carmita" , del municipio villaclareño de Camajuaní, habité desde los diez hasta los veintinueve años -entre 1960 y 1979. Procedía de la ciudad de Santa Clara, adonde regresé, sobrecogido y "micromundista" crónico, en la última fecha.

Al llegar al curioso poblado, hace ya más de cuarenta años, me extasié en la contemplación de tantas cosas. Echaron profunda raíz en mi espíritu, con boleto de ida sin regreso, aquellos paisajes y fauna rurales, inéditos hasta entonces para mí; la cálida familiaridad y disposición solidaria de sus habitantes, el irrepetible y rosado silencio de los atardeceres, la llovizna del enfriadero con sus arco iris de utilería, el olor ambiente de la melaza, y el zumbido del vapor de los hornos y las locomotoras en la alta madrugada. Pero lo que más me deslumbró -estas son cosas que ya he contado-. fueron sus personajes populares, todos también de impactos inaugurales en mis aturdidos ojos de "descubridor". Con ellos aprendí, más que ninguna otra cosa, una manera distinta de hablar, y sobre todo de escuchar el español, desde giros cubiches de dulce sabor metafórico y elíptico.

Hacia finales de mi larga estancia "carmitense" (en 1976 ó 1977), por indicación de Samuel Feijóo recogí para esta revista, apurada, inconsciente y casi burocráticamente, muchos remedios populares, pletóricos de anécdotas y giros ingeniosos, generosamente ofertados, en su mayoría, por mis vecinos y amigos más cercanos. Aquellas "recetas" nunca se publicaron, e ignoro si a Feijóo se le quedaron en el tintero para alguno de los números que bullían en su mente y no pasaron del proyecto. La cuestión es que con el curso de los años, y los sucesos y avatares de mi carrera literaria y laboral -que de manera errada consideré más trascendentes-, olvidé del todo aquella apurada y mecánica recopilación que había hecho casi sin amor. Hasta que recientemente René Batista Moreno, quien había tenido el cuidado de mecanografiarlas, hacérselas llegar en buen estado a Samuel y conservar, de mi puño y letra, los manuscritos, me las devolvió de forma tal que no me quedó otro remedio que, con inenarrable sorpresa y no sin resistencia, aceptarlas como mías, vencido por la irrefutable prueba de mi propia caligrafía, y los nombres y edades de los testimoniantes, todos ellos mis conocidos, vecinos, compañeros de trabajo, amigos. ..

Confieso que quedé deslumbrado con lo que delante de mis ojos tenía: tanta ingenuidad, picardía, humor, "sabiduría", poesía, costumbrismo, idiosincrasia, imaginación. ..Aunque me costaba trabajo creer que yo había procesado tan valioso testimonio, decidí, sin mucho prurito, escribirle esta introducción para dejar de ser el recopilador inconsciente, y de tal suerte -enriquecidos ya en mi mente los relatos por su condición de historias que se contaron a sí mismas-, darlos a la publicidad.

Algo sí quiero dejar muy claro: el rico folclor médico de los campos y pequeños poblados cuenta en nuestro país con excelentes textos: Plantas medicinales, aromáticas o venenosas de Cuba, de Tomás Roig y Mesa, que junto a los dos de José Seoane Gallo: El folclor médico de Cuba y Remedios y supersticiones en Las Víllas han venido adquiriendo, cada vez con más fuerza según pasan los años, el añejo y dulce sabor de los clásicos. Esta pequeña muestra mía no aspira, metodológica ni conceptualmente, a competir con tales "monstruos", o aportar algo significativo más allá de lo que ya ellos incorporaron al acervo cultural de la nación. Si por alguna razón decidí que se publicaran, es por lo que de específico develan en el conocimiento de una pequeñísima zona rural inédita; es decir, que su única posible contribución -bien modesta a todas luces si es que existe- habría que buscarla en la regionalística a través de una crónica de costumbres bien puntuales, algunas veces agudamente discrepantes de la tradición. Por tal razón, no se mantuvieron en el catauro los remedios conocidos como "clásicos", a no ser que estuvieran respaldados por una anécdota de valor independiente, pues los principales criterios de selección, en todos los casos, fueron: la singularidad -a veces procedente, ya lo he dicho, más de la anécdota que rodea al remedio que del remedio mismo-, el carácter subversivo y dialógico al compararlos con la tradición, así como las particularidades y singularidades de la voz testimonial, siempre tratando de ser fiel -sin concesiones al naturalismo fónico- a la dúctil oralidad en que se expresara.

El orden propuesto, entonces, se atiene al matiz y la naturaleza de los relatos y no pretende enmascarar el carácter de homenaje que también aspiro a darle a la compilación en aras de rendir tributo a todas aquellas personas que me enseñaron, desde sus ingenuas generosidad y persistencia -yo era el niño asmático a quien aliviaban planchándole el pecho y pasándole el cepillo por la espalda-, que cuando faltan otros fármacos de más estudiada química, la imaginación comienza a funcionar, perfectamente, como el milagroso ungüento de la Magdalena.

Por Ricardo Riverón

Una noche yo llevé a mi hijo, como de once años, al policlínico con un ataque de asma que no se le quitaba ni pasándole el cepillo por la espalda y la plancha por el pecho, y cojo y le digo al médico: "Doctor, ya yo le pasé el cepillo y lo planché, y nada, no se alivia" .Entonces ese mismo doctor, que yo creía que era un hombre muy preparado, me dice: "Oye, ¿y por qué no lo almidonaste también?" Eso lo dijo queriendo hacerse el cómico a costilla mía, pero yo no le hice caso y nunca dejé de cepillarle la espalda y plancharle el pecho al niño, que más nunca, gracias a Dios, se me volvió a poner tan malo como aquel día, porque después yo descubrí que se había agravado de esa forma por culpa de un gato barcino, todo despeluzado, que se había mudado a vivir, muy sutilito, para la carbonera del colgadizo de atrás de la cocina. No digo yo: ahí mismo el muchacho me hizo alergia.

María Esther Rojas Rojas, 49 años.

Las diarreas son producto de flojera en el estómago. Un amigo mío, en la zafra de170, se fue permanente para la caña, y en el primer albergue que le tocó, allá por Aridanes, la cocinera era muy haragana y descuidada, por eso pasó más hambre que el bichito de la gonorrea en una iglesia, y se le aflojó el estómago que no había quien le quitara el chiflido. Con lo único que pudo eliminar el mal de barriga fue tomando cocimiento de cáscara de mangle. Ah, y cambiándose de albergue, que el tipo era largo con la mocha ya la cocinera nadie la iba a botar porque era la querida del jefe de lote.

Sergio Sarduy Segredo (Yeyo la Cochinata), 44 años.

Yo aprendí desde niña que el carbón vegetal es muy bueno para limpiarse los dientes y quitarse el sarro. Un viejo baracutey vecino de nosotros, que a según me habían dicho enviudó nuevo a causa de un colapso que le dio a su mujer por bañarse con la barriga llena, nunca fue al dentista y tenía una dentadura que era una delicia. Yo me suponía que estaba loco y hasta mi poco de respeto le tenía, porque a cada rato me fijaba que cuando abría la boca aquello parecía la cueva de un mono, de lo negra que estaba. Entonces un día pierdo el miedo, cojo y le pregunto, y me dio el remedio, que es divino de verdad, y muy salubre.

Elena Molina Jiménez, 47 años.

Cuando nosotras éramos nuevas, una vez que íbamos a ir a un baile, a mí me cayó dolor de muelas. y Como yo sé que esa puñetera desgracia Con lo que se alivia es con motos de esencia, me los puse. Yeso es muy bueno, porque además de curar, aplaca también el mal bajo que dan los dolores de muelas y es muy feo bailar con un hombre sin poder hablarle de frente.

Martha Marín Romero, 43 años.

Si a usted lo ataca la eczema, a lo primero que atina es a darse violín, pero eso es peor, porque entonces se revientan los pies y se ponen abofados. Después, en el desespero, se le echa garra a cualquier cosa: talco, alcohol, mastitis, desodorante, polvo de tabaco, pero ya es tarde, porque el hongo prendió. Como uno se cura en realidad es de la siguiente forma: se hierven hojas de guayaba, se lavan los pies con esa agua y se dejan secar por el aire. Son mayoría la gente que cree en esa química, porque se practica desde la época en que los congos todavía no hablaban cristiano.

Humberto Armenteros (Candembo), 58 años.

¿Qué coño provocará la tos ferina? El muchacho arranca a toser y el ruido que produce se parece al que hace un perro atorado con un boniato caliente. Se sabe que es una bacteria, pero dicen los que saben que es inmune a los combióticos. Entonces la gente les da jarabe de hojas de yagruma o de remolacha a los enfermos y muchas veces mejoran en condiciones.

Lirva 0livera Caso, 41 años.

Yo sé muchas fórmulas para curar los parásitos: por ejemplo, el apasote para las lombricillas. Aunque hay un parásito muy rebencú y difícil de arrancar: la lombriz solitaria, que parece una lienza y cuando se pega a las paredes de las tripas se encoca y es más terca que la jicotea, porque ni dándole candela en el culo suelta. A veces usted bota la cinta métrica esa, y si se le queda la cabecita adentro no hizo nada, porque también es como la lagartija: le vuelve a salir el rabo y al poco tiempo ya está otra vez del mismo tamaño y jodiendo muchísimo. Lo único que le arranca la cabeza es la horchata de semilla de calabaza. Pero muy poca gente sabe lo buenos que son también los lavados con sábila o cundeamor, porque sirven para todo tipo de lombrices.

Juan Andrés González García (Mayte), 45 años.

Hay un tipo de llagas muy asquerosas, que hasta jieden, difíciles de curar cantidad. Fíjese usted; un ejemplo: aquí al central venía un barbero, muy sangrón, al que le decían Martín Garabato, y la gente, por aquello del juego de velorio, le achacaba que el tipo comía gato. Pues un día al hombre se le cierra el cuerpo en llagas que aquello daba grima: parecía que tenía lepra. y no se le curaban con nada. Entonces la gente más chismosa de este batey empezó a correr la bola de que la sarna de los gatos se le había interpretado en la sangre y que había cogido septicemia. Pero, ¿sabe una cosa?: el infeliz se curó con fomentos de yerba mora sobre las llagas y se acabaron los comentarios.

Elena Molina Jiménez.

A los golondrinos los médicos les dicen adenopatías. Hay golondrinos sobaqueros y golondrinos verijeros, a los que todo el mundo les dice secas. Para los del sobaco lo bueno es calentar un limón en un fogón de leña y ponérselo después caliente. En el caso de las secas no fallan las crucecitas con yodo. Pero también sirven las hojas de naranja en cocimiento.

Iraida Guardado Montiel, 47 años.

Antes se hacían muchos remedios y no había tanta pinchadera, tanta manguera tragada y tanta placa y la gente se curaba, coño. De niña yo cogí el bronquitis y tenía tremendo jipío de pecho que cada vez que tosía parecía que me había tragado una filarmónica. Con tres cogollos de guásima en cocimiento, ligados con miel de abeja y limón, mi mamá me lo curó en menos de una semana.

Teresa Montiel Sarduy (Tera), 37 años.

La ceguera se evita con higiene. Fíjese, si no, que cuando hay mucha basura y porquería y viene el guasasero, es entonces que ella se pone en su punto. Eso pasa también porque las guasasas, como son unas cabronas que atacan calladitas, con lo único que se espantan es con una untura de aceite de carbón en las cejas, pero eso es muy perjudicial para la coriza y el asma, sobre todo si el asma es cardiaca. Claro, si no hay escape porque ya la ceguera lo cogió a uno, póngase fomentos de vicaria hervida o una poquita de agua con azúcar prieta en cada ojo.

Herculano Pérez (El Culano), 80 años.

Una vez yo pegué a ponerme amarillo y la gente me decía que era porque había comido canistel, pero la vieja mía, que era una persona con gran conocimiento sobre las cosas que les ocurren a los seres humanos, me dijo que era tiricia porque también me daba mucho sueño. Un viejo, de los curros que viven en la Zona de San Lorenzo, me juró por lo más sagrado que bañándome con verbena cimarrona se me quitaba aquello, y como con probar no se pierde nada, yo lo hice. ..y aquí me tiene.

Ruperto Rodríguez Rodríguez. 58 años.

¡Oiga! Qué manera de mirarme aquel amigo mío, un boyero que estaba crudo, cuando le digo: "¿Quieres verte con pelo el año que viene?", y él me dice que sí, y yo le suelto entonces la gracia: "Retrátate". Se encabronó en condiciones y no me fue para arriba de milagro. Porque a él se le había

51

puesto la cabeza como una bola de billar, pero lo que yo no sabía era que eso le había pasado porque estaba enfermo. A resultas de muchas cosas, uno debe saber que el pelo se cae por tiña, por nerviosismo o porque a uno le toca perder y ponerse cabecipelado y feo. Y mi amigo lo que estaba era de ingresar en el siquiátrico. Cuando la pelonguera viene por las dos primeras cosas que acabo de decir, la raíz de yerba bruja se usa con mucho acierto para fortalecer el cuero cabelludo.

Marino Sarduy Vega, 65 años.

El Curro de Karina, que es tremendo borracho, me contaba que cuando él iba a que Aniceto el Manco lo enseñara a castrar panales y arreglar fogones de quemadores, ellos se metían sus buches de Coronilla. Entonces, como muchas veces veía, cosa muy misteriosa, que el Manco tenía un tubito enterrado en el tronco de una mata de plátano del patio de su casa, de donde chupaba cada vez que se le ocurría, llegó a pensar que su socio y maestro le estaba dando la mala con el aguardiente. Un día se llena de coraje y le pregunta, y el Manco, que era gallego, le contó que con la bebedera se le reventaba la boca y así era como se curaba la estomatitis: calando una mata de plátano y tomándose el agüita que destila el tallo.

Justo Gómez Arana (Buchito), 30 años.

La naturaleza se inventó para el beneficio de las personas. Usted ve una güira y le parece que eso nada más que sirve para hacer maracas. Pero, connotativamente, eso no es cierto, porque si usted coge una güira cualquiera, la abre en dos, le echa miel, sin sacarle la gandofia ni nada, la deja cuarenta y cinco días al sol y sereno, cuando saca y cuela todo eso, ya tiene un buen patente para el catarro. Si la güira es cimarrona, eso mismo sirve para destupir las trompas de los ovarios en los casos de mujeres machorras.

María Caridad Abad Depestre (Pucha), 23 años.

Yo conozco personas a las que se les entume el cuerpo sin que se sepa a qué obedece. Otras personas, con gracia, tratan el mal dando frotaciones con alcohol y yerba buena, porque está comprobado que eso es bueno para la circulación. Lo que yo sé es que las entumiciones esas que le dan a la gente sin más ni más se quitan con un hilito de saco amarrado en un dedo y un arique de yagua en el tobillo. ¡Óigame: remedio santo!

Teresa Montiel Sarduy (Tera).

Yo soy una jutía, pues me baja muy poca regla. Tal vez por eso mismo me dan tremendos dolores de ijar. Mi mamá siempre nos enseñó a mí y a mis hermanas, que somos tres, que esos retorcijones se quitan tomando cocimiento de comino.

Flor Eleida Montiel Sarduy, 34 años.

Nivia Ravelo se come las uñas. Tiene los dedos que parecen seborucos. Pero hizo un remedio que yo le mandé y vaya a verla ahora, que las tiene bastante armaditas ya. Para que las uñas crezcan no hay nada como pinchar ajos con ellas.

Katy Lamas Rabassa, 28 años.

Es verdad que los baños de asiento son buenos, pero el remedio más benéfico para las hemorroides es dejar una barreta toda la noche al rocío y sentarse arriba de ella por la mañana. ¡Claro que la barreta tiene que estar acostada, coño!, porque sino. ..

Prudencio González García (Champito), 56 años.

Las personas que tienen callos sufren mucho, caminan como escorados y con susto a que les den un pisotón. Los callos se desprenden bien si uno se aplica un parche con un tomate verde o una aspirina. Pero el jalón, a la hora de los mameyes, tiene que ser sin lástima, para que el callo salga íntegro, pegado al parche y formando una mecolambia bastante asquerosa con la aspirina.

Carlos Venlllra, 38 años.

A mí una vez me dolía mucho una muela y no sé quién me dijo que me pusiera una piedrecita de carburo en la caries, y me la puse. .. i Óigame, vi a Dios por la boca de un güiro! Aquello fue una bomba, pero se me aplacó el dolor porque el carburo tiene sales de calcio, que son anestésicas.

Guillermo Castellón Orozco (El Tigre), 33 años.

Los herpes cuando se irritan provocan ardor y picazón a la vez. Uno no sabe si rascarse o pasarse la mano con cariño. Hay un remedio que es una cura de caballos, pero los hace desaparecer de a viaje: consiste en frotárselos con limón y ceniza.

José Julián Alvarez Machado, 27 años.

Hay que aguantar más que Jesucristo en la cruz, porque arde en condiciones, pero para las lombricillas lo radical es una jeringa de jugo de limón puro, aunque es preferible pasar el mal rato, porque esa picazón desesperante te ataca de sorpresa, a veces en lugares públicos, o cuando hay visita en la casa, y que uno se pone que no sabe ni para dónde mirar, produce un desconsuelo y una pasión de ánimo muy grandes, ligados con desesperación. Ah, una cosa: como las lombricillas cuando cogen fuerza de verdad es tarde por la noche, a esa hora es cuando hay que meterse el pitongo.

Giraldo Segredo Fernández (Cholo), 25 años.

Dicen que uno llora por tres días, pero que después que aquello cicatriza, ya nunca más se enferma. La cosa es que para la ceguera no hay como las gotas de limón puro directo en el ojo.

Lirva Olivera Caso.

Si a una persona una abeja le pica el lobanillo en un punto importante, le mata la fuerza al tumor y usted ve cómo poco a poco la semiñoca esa se va emparejando con el pellejo. Por eso mi tío Venancio andaba siempre detrás de los panales, para ver si una abeja le reventaba un quiste de sebo del tamaño de un limón francés que tenía en el tronco de la oreja.

Sabino Rojas Molina, 46 años.

El que no sabe bailar caringa, la baila, porque cuando usted coge el bicarbonato y se lo pone en el afta, brinca más que un guanajo arriba de un cinc caliente.

Ruder Paradelo Capó (Tita Gume), 45 años.

Muchas veces las curas son peores que las enfermedades: uno tiene que meterle caña a lo que sea y no andarse con lástimas; por ejemplo: uno de esos casos es el impétigo, que se estriega duro con agua de alibur hasta que se queda en carne viva. Otro, de los más crueles que yo he visto, es el de la

55

erisipela, que se basa en hacerse tres cruces con ceniza caliente en la planta del pie.

Carmen García Saura, 24 años.

Hay niños muy vaquetas para aprender a caminar, que uno los pone en el suelo y nada, ni diciéndole: "Caminando, caminando / que la virgen los va enseñando"; pero hay un remedio que yo he visto practicar a mucha gente del campo, que son los que más saben de esas cosas: cuando el muchacho se pone perretú y nada más que quiere cargueta, se cogen tres escobas amargas nueve viernes seguidos y se le da la vuelta a la casa dándole chucho al niño por las piernas.

Teresa Montiel Sarduy (Tera)

Cuando a Oliver, mi marido, se le empezó a aflojar su naturaleza debido al mucho trabajo que tenía como fogonero y a las malas noches que pasaba levantándole la presión a la locomotora, yo lo tranquilizaba con chistes: que se hiciera la idea que la locomotora era él, pero nada. ..Entonces decidí darle fricciones de bálsamo analgésico, un remedio que me recomendó Marino Sarduy. Esos masajes, aunque arden mucho, son un batazo. Fíjese si es así que después de eso yo le parí dos muchachos a Oliver. Lo malo es que él medio que se envició, cosa que a mí no me gustaba mucho, porque siempre me quedaba con la impresión de que tenía entre las piernas una rueda de carreta.

Julia Matienzo, 35 años.

El viejo Tano Mederos, sin ser ortopédico ni nada, tenía una mano divina para componer huesos. Te cogía, te viraba al revés el brazo o la pierna, te los descoyuntaba, y al final te los armaba que quedaban nuevecitos. ¡Era un chapistero del carajo! Él fue quien me mandó a untarme sebo de carnero caliente para aliviarme el dolor de unas fracturas viejas que él mismo me había remendado, pero que trinaban cuando había humedad o frío.

Marino Sarduy Vega.

Muchas mujeres de mi época, cuando salían embarazadas, se hacían el curetaje o raspado; otras se tiraban de una mesa, cargaban grandes pesos y otras barbaridades para ver si abortaban. De todas aquellas animaladas, a la que mejores resultados yo le vi fue a la de meterse una pluma de guanajo en el útero.   Ana Luisa Guardado Montiel (Cucú), 5O años.

Yo me acuerdo que a Ramón el Loco le daban a comer sal, y él pegaba a hacer arqueadas ya vomitar; pero su familia decía que era necesario porque así le tranquilizaban los nervios. ¡Pa' su escopeta! Yo creo que se ponía más loco todavía.

                                        Flores Milián Machín, 63 años.

Remedios mágicos y surrealistas

Que yo sepa, lo que quita ese brincoteo que da en las tripas de la parte de arriba del estómago y que es conocido por padrejón, es la ruda en ayunas. Pero hay que tomársela de pie y mirándole a los ojos a una persona de más de 60 años.

                                              Sofía Caso, 80 años.

Nadie sabe bien los misterios de la vida, porque a ver, ¿qué tiene de particular que uno críe un animal en la casa? Sin embargo, tener un perro chino -entre más chino y pelongo mejor- garantiza la cura del asma, porque un perro chino es como una esponja, recoge todas las suciedades que hay en el aire.

                                          Iraida Guardado Montiel.

Cuando a uno le cae aventazón, como esa que producen los frijoles, el boniato con leche, el aguacate y los huevos salcochados, y se pone peorro y asqueroso que no hay quien se le arrime, da bastante buen resultado acostarse boca abajo con una almohada en el estómago.

José Gómez Gómez (Tata), 58 años.

Uno a cada rato ve gente por ahí medio enteriza, que parece que tienen lisiones o valdadera, y lo que pasa es que los cogió el lumbago. Un hombre con lumbago, por muy fuerte que esté, no puede sacar agua de un pozo, escardar un cantero, dar del cuerpo en un tibor, ni montar a su mujer. Yo he visto gente con lumbago que hasta en sillas de ruedas han tenido que clavarse hasta que se alivien. Un remedio muy sano, que dicen que lo quita radical, es que la persona se acueste boca abajo y dos jimaguas le pasen por arriba tres veces en cruz.

Rolando Portal Pedrosa, 45 años.

El viejo mío me contó una vez el caso de un hombre de más de seis pies, inspector de campo como él, al que lo cogió el lumbago en la montura de su caballo, cuando estaba haciendo el estimado de un campo de caña, y tuvieron que bajarlo de la bestia con una rondana y unas trepaderas, apareado a una guásima. Decía mi papá que después aquel hombre tuvo que andar como quince días con una tira de guamá amarrada en la cintura y que gracias a eso se puso bien del todo.

Adán González García (Nay), 37 años.

A mi abuelita le daban vahídos, casi siempre por las tardes se ponía bembiblanca y con un sudar y un sudar y un sudar frío. Entonces le poníamos el termómetro y no llegaba ni a 35. Le hicimos muchos remedios, pero el que mejor resultado nos dio fue el de coger una panetela, mojarla en vino seco y ponérsela en las muñecas y el estómago. Al final la panetela había que botarla.

Emérido Molina Jiménez, 27 años.

58

Al que lo coge la culebrilla, se saló. Eso no tiene alivio, y uno con el susto de que se unan las puntas. Aparte de todo, son tan feas y dañinas que ni los médicos saben qué hacer. Parece que tiene que ver con alguna yerba mala, porque a la gente del campo les da más que a las del pueblo. Lo único que uno puede hacer es poner el nombre de la madrina y el padrino alrededor de la culebrilla o quemarla con una cuchara de plata.

ldalberto Sarduy Fernández (Tangue), 31 años.

Antes, casi a todos los niños se les botaba el ombligo. A Migdalia, una mulatica amiga mía, a los 10 ó 12 días de parida, le sucedió que al niño dice a botársele el ombligo que aquello parecía, qué digo yo una tetera, parecía la punta de un chorizo, otro rabo, qué sé yo. Estaba feo de verdad el vejigo, y mi amiga con un complejo de madre porque, figúrese, ellos son del color y hasta pensaban que era una cosa racial. Pero entonces mi mamá, Elena Molina, que no estudió ni nada, pero tiene mucho conocimiento de ese tipo de cosas, le dio un remedio que nadie sabe por qué, pero resuelve el problema: mi amiga cogió un dedal, se lo puso en el ombligo al muchacho, después marcó el dedal en una calabaza movida, y lo otro fue coser y cantar, porque aquella tripa se recogió igual que cuando se desinfla un globo.

Margarita Cervera Molina (Gule), 24 años.

Mi tío Rolando Meregildo -el de Vías y Obras- cuando ya casi estaba por retirarse, un día se hernió y se le botó una pelotica cerca de la verija. Se puso un braguero bien apretado y nada; además, aquello era muy incómodo para cargar y clavar traviesas, platinas y raíles, que cada uno pesa más que una jaca. Entonces le dijeron que se tenía que operar, y él, que había encontrado conformidad, ya estaba preparándose para la operación cuando Fengo le dio un remedio que le vino de lo mejor. La cosa es que cogió y marcó el pie en el tronco de un almácigo, y fue tanto lo que se achicó la pelota aquella que la operación no duró ni veinticinco minutos.

Mariluz Hernández Machado, 24 años.

59

Mucha gente dice que esto es brujería, pero se equivocan, porque la persona que me lo dijo es católica. Yo le hablo de un remedio para la ictericia que consiste en echar nueve cochinillas con tres dientes de ajo en una bolsita y usarla como un collar.

Ofelia Ferrel, 54 años.

A la gente que no cree en nada, como Pupy el de Iraida, que es un buey, cuando le sale un orzuelo agarran y empiezan a halarse el ojo con la mano contraria por detrás de la cabeza; se ponen que parecen chinos de Cantón, y total, no mejoran nada.. Pero yo sé un remedio que los quita de a viaje, lo único que hay que hacer es creer y tener fe: uno dice por la mañana: "Buenas noches, señor orzuelo" .y por la noche: "Buenos días, señor orzuelo" .y de que se cura, se cura, porque parece que el orzuelo se confunde.

Teresa Montiel Sarduy (Tera)

A un niño con salpullido hay que enseñarle que cada vez que vaya a decir "salpullido" no diga la palabra completa; que debe decir "pullido", porque si dice "sal" la erupción lo oye y brota con más fuerza.

María Esther Rojas Rojas.

En tiempos de antes usted llegaba a cualquier casa de campo y podía ver una puntilla ahorcada detrás de la puerta. A mí aquello me daba mucha intriga, hasta que un día parto para arriba y le pregunto al viejo mío, y él me aclaró que eso es lo mejor que se ha inventado para quitar los orzuelos.

Juan Andrés González García (Mayé).

Una vez yo me topo con un guajiro, poeta, al que le decían El Tomeguín de Corona, y me fijo que traía una bolsita colgada del pecho, con lo que tenía a todo el mundo medio confuso. Entonces Raúl Cagalera, el casillero, le preguntó qué coño era aquello, y por fin se supo el misterio: se trataba de un ciempiés, que según le habían recomendado, eso es lo mejor que hay para la artritis. Entonces yo me halo para atrás y le digo que mejor es el agua de anamú y casi se forma la discusión, na, por na.

Aquino Machado Rojas (Joaquín Malandrín), 58 años.

Podrá ser cosa de magia, pero cuando los muchachos míos eran chiquitos y se constipaban, yo les hacía nueve cruces con saliva en la rabadilla y enseguida iban para el tibor que se mataban.

Iráida Guardado Montiel

Yo vi una vez a un guajiro de la zona de Guerrero al que le amarraron unas verrugas grandísimas que tenía con crines de caballo, porque decían que eso era un remedio radical. Aquello era un espectáculo impresionante de verdad, pues uno no sabía si lo que tenía eran puntos de sutura o pelos que le estaban saliendo; y además había que rezarle una oración al afectado el día de luna llena, porque si no las verrugas no se caían.

Pedro Zulueta Ruíz, 65 años.

Yo nací en 1897 y he visto muchas cosas. Por eso conozco la tristeza que produce la tosferina, esa tos seca que pone a los muchachos todo congestionados y con los ojos fijos en los elementos. Más todavía si son niños que pasan hambre, que se secan del todo con ese ¡cujo, cujo! y la poca alimentación. Yo vi el caso de una mujer que hasta confundió al niño con una almohada, porque estaba tapado completo, y cuando lo fue a tender en la cabecera, el muchacho tosió y ella se dio cuenta de su error. Era mucho lo que lloraba esa mujer, pero al final a su hijo se le quitó la tosferina con un cordón de hilo tejido puesto como un collar, remedio que le di yo porque me lo habían hecho a mí misma cuando era chiquita.

Sofía Caso.

Para el asma se raspa el carapacho de una jicotea, se tuesta y se hace como si fuera un café. Eso afloja el pecho porque endurece los músculos pectorales que entonces exprimen con más fuerza los conductos respiratorios y estos expulsan la flema.

Juana Montiel Fernández,72 años.

El dolor de cabeza, ese que parece que a uno le están clavando una estaca en la mollera, es producido por el sol, el estómago y los nervios actuando juntos sobre una vértebra de las de atrás del cuello. Se quita de ramplán con cocimiento de cogollos de guayaba.

Lirva Olivera Caso.

Yo le garantizo a cualquiera que las diarreas se quitan de jan con cocimiento de mejorana. Aunque, cuando les dan a los niños, el agua de fruta bomba es muy buena porque estriñe, refresca las tripas y empareja el colon.

Teresa Montiel Sarduy (Tera).

A algunos muchachos se les enteca la encía y no les salen los dientes, en ese caso se coge y se le cuelgan del cuello nueve bolitas de teta de ayúa, y casi que se ve cómo los dientes brotan, porque lo que pasa es que hay dientes más haraganes que otros y la ayúa e un estimulante dental.

María Esther Rojas Rojas.

Muchas plantas tienen el nombre de acuerdo con su prepotencia curativa. Por eso ahí están: el quitadolor -que alivia más natural que la aspirina-, la yerba tapón, y esa otra yerbita que se llama amorseco, que también quita la malestía de estómago cuando no es de bichos, porque reseca la porquería y eso uno lo agradece con un cariño y un amor del carajo.

Giraldo Segredo Fernández (Cholo).

La úlcera es como una calor muy grande en el estómago que se liga con punzada; vaya, como un perro con rabia: cuando se prende, ¡carajo!, no suelta. La única manera de aliviarla es mascando romerillo y tragándose uno el juguito, porque el jugo del romerillo contiene una especie de albúmina que protege las membranas del estómago.

Marino Sarduy Vega.

Se usa mucho para el dolor de oído la ruda frita con aceite de comer, pero tiene que ser antes de que llegue la noche, porque si no, cuando se pierden la luz y el calor del sol, el dolor coge perreta y no hay quien lo alivie.

Oscar Blanco Pérez (El Curro), 28 años.

Cualquier herida hecha con cualquier cosa, bien sea un machete o una hoja de yerba guinea, si le da por hincharse y "estilar", a los siete días, una agüita espesa que se llama "buba", es que está enconada; entonces usted coge una cataplasma hecha con tabaco y cebo de carnero, se la pone ahí amarrada con un pañuelo, yeso lo ayuda a curarse ya que la herida se trague el encono. Si se unta aceite de palo, mejor, porque no coge pasmo.

Bienvenido Molina, 70 años.

Las manchas de güito se producen por una especie de yerbita muy chirriquitica, invisible, que a uno le crece en el pellejo y fructifica con el sol. A mí me salía mucho güito cuando nuevo, y me lo quitaba con una loción de yerba güito, que no por gusto se llama así.

José Rocha Ferraz, 47 años.

Hay un estado del sistema respiratorio al que le dicen apnea, que consiste en no respirar. Eso me lo enseñó su hermana de usted, la doctora Ana María Riverón, que es de aquí aunque siempre haya vivido y estudiado fuera. Yo estaba con un hipo muy impertinente y ella me aseguró que el hipo se quita aguantando el resuello y me convenció con estas palabras: "¿Alguna vez tú has visto un buzo con hipo?" Digo que me convenció porque es verdad: eso, que yo sepa, no lo ha visto nadie.

Juan Andrés González García (Mayé)

Usted tiene una enfermedad cualquiera y le pueden salir golondrinos, porque ellos son el producto del alboroto de los glóbulos blancos, que se diferencian de los rojos en que son más bellacos -y, claro, también por el color. Los glóbulos blancos se alborotan con cualquier infeccioncita. Por eso, cada vez que yo siento una molestia debajo del sobaco, me amarro un hilo de saco con nueve nudos en el tirante del ajustador y se me bajan del todo las pelotas esas. Los hombres, como no usan ajustadores, o bien se lo pegan con un esparadrapo o se buscan una camiseta, que están bastante escasas, para poder amarrárselo de alguna parte.

Lirva Olivera Caso.

Todas las enfermedades de los pulmones se tratan con grasitas y cosas flojas. Lo mejor que hay para la bronquitis es la enjundia de gallina frita, pero de todas las enjundias, la mejor es la de gallina pescuecipelada.

Teresa Rabassa Cruz.

El orzuelo se produce por la falta de la vitamina de la zanahoria. Algunos, como los que les salen a los bobitos mongos, se ponen feos como loco y se complican con una costra blanca que se les pega a las pestañas. Para esta enfermedad funciona pasarse el rabo de un gato negro nueve veces, en cruz, por el ojo.

Lirva Olivera Caso.

Lo más feo de los quistes es lo brillosos que se ponen cuando los cogen el sol y las sudoraciones. Como por dentro lo que tienen es manteca. ..Claro que por eso mismo es que con manteca de majá se diluyen que da gusto; porque manteca contra manteca, la del majá tiene más poder.

Venancio Rojas, 69 años.

El agua caliente con sal alivia los dolores del reuma, pero el agua de mar no, aunque sea salada, porque la sal marina contiene yodo, aguamalas y otras infecciones que pueden procrear rasquiñas.

Rafael Rodríguez (Feto Goyo), 42 años.

Hay gente que tiene el hígado de piedra, pero hay otras que lo tienen de medio ganchete, y eso va mucho en el cuido que se dé la persona. Usted mata un puerco criado con miel de purga, que es un producto que está a medio hacer entre el alcohol y la melcocha, y cuando uno lo abre hasta siente el mosto, pero si se fija más, verá que a ese puerco muchas veces no se le puede aprovechar el hígado porque está hinchado y con un salpullido verdoso. Así mismo, de inflamado y pasmado, tienen el hígado la gente que bebe más de la cuenta. Para la inflamación del hígado lo mejor es la doradilla, que suprime el pasmo hepático.

Pablo Mederos González, 46 años.

La brutalidad es añeja. La gente bruta, cuando se clava una espina pega a exprimirse y por eso se le encona. O si no meten a hurgar con una aguja sin hervirla ni nada y allá va eso: toda la cochambra que tenga la aguja le penetra. Para sacarse una espina no hay como ponerse una tajadita de limón donde está enterrada, porque el ácido la atrae, y entonces con la punta de un alfiler uno se rompe el pellejito y la espina sale sola.

Lirva Olivera Caso.

65

Cuando uno tiene tortículis es porque se le trancan los tendones del cuello y este se le pone entelerío. Entonces la gente se ve muy rústica de los hombros para arriba. Hay quien sabe dar fricciones en el antebrazo para desencocar los nudos, pero lo mejor de todo es pasarse un cucharón por el pescuezo. ..Ah, y no mirar de sopetón para los lados ni para atrás.

Sergio Sarduy Segredo (Yeyo la Cochinata).

La tupición en las venas es lo que produce la presión alta, porque pasa como cuando se le pone un reducido a una tubería de vapor, que la presión aumenta. A la gente le cae flojeras en las piernas, candelillas en los ojos, dolores en la parte de arriba de la cabeza, hasta que toma agua de anón.

Teresa Montiel Sarduy (Tera).

REMEDIOS GASTRONÓMICOS, ESCATOLÓGICOS Y COPRÁGICOS

La gente se cree que con decirle comemierda a uno lo está ofendiendo en condiciones. Y, óigame, ¡hay que tener sangre de pato para aguantar eso! Pero el que viva con un niño asmático no puede hacerle caso a esa gente chota, porque está comprobado que el asma razona y se alivia con un cocimiento de mierda de puerca parida.

Marino Sarduy Vega.

¿Usted quiere ver cómo se repone enseguida una persona que padece de pulmonía?: Fría mierda de puerco en aceite, cuélela por un trapo y désela a tomar sin mucho miramiento.

Ana Luisa Guardado Montiel (Cucú).

Como el caballo se alimenta de yerba, su cagajón es más curativo que la mierda de puerco, que es un animal que come cualquier cosa, como dice su nombre, y hasta venenosa puede ser su deposición; por eso la pulmonía se cura mejor con estiércol de caballo, frito en aceite y hecho jarabe. Pero hay que tomárselo sin miedo, con una cuchara sopera.

Juana Montiel Fernández.

La difunta Leo siempre tenía tremenda pechuguera porque fumaba mucho: cigarros de trigo y soruyos principalmente. Cuando pegaba a toser y desgarrar, lo que echaba para afuera -cuando no se lo tragaba- era asa de anoncillo en estado de putrefacción, salpicada con sirope de fresa. Óigame! Cuando dejó la fuma y empezó a tomar jarabe de bejuco ubí, se mejoró bastante, y hasta engordó.

José Zulueta (Congona), 32 años.

Yo sé de un muchacho al que se le curó el asma radical, y el remedio se lo dio mi abuela, que era una persona que tenía conocimiento: se agarra y se mata un perro chino que no haya cumplido los cuarenta días, se le da a comer en caldo al enfermo y no hay asma que valga.

Sofía Caso.

El cólico renal es tan desesperante que yo oí de gente que hasta había tomado sopa de murciélago porque le dijeron que eso lo aliviaba, lo cual, además de una asquerosidad, es una ignorancia. Después yo aprendí un remedio mejor: el hinojo, y se lo he dado a conocer a todo el que padece esa desgracia.

Francisca Sarduy Panchita), 64 años.

La verdad es que los ratones son unos animales asquerosos y dañinos para la humanidad. Pero sirven para algo, como todo lo que camina en dos o en cuatro patas. A una primita de nosotros la atacó una tos ferina tan fuerte que

67

cuando pegaba a toser se ponía que parecía una berenjena, de un color medio lila prietusco; pero mire, para que usted vea, la curaron con caldo de ratón.

Karina Pérez González, 53 años.

Cuando un hombre no levanta presión, se le da sopa de cresta de gallo frita, porque como el gallo es el animal que más pisa en el mundo, eso se le pega al hombre y se pone que parece una centella.

Julia Matienzo.

Remedios satíricos o burlescos

El cocimiento de raíz de palma es muy bueno para el dolor de muelas. Lo único complicado es que no es tan fácil encontrarse en una legua a la redonda, así de pronto, una palma arrancada de raíz.

Flores Milián Machín.

Yo tengo un amigo mío, tremendo pelotero él, que a veces se desfiguraba con los flemones; entonces yo, para alegrarlo, le decía: "Te pareces a un pitcher del Almendares, con la bola de andullo en la boca y todo". Pero él estaba que ni Mamacusa Alambrito le daba gracia. Entonces un buen día le dieron una fórmula que fue como el ungüento de la Magdalena. La cosa consiste en poner un frijol negro en remojo toda una noche, y después ponerse uno la cascarita en la muela por varias horas, vaya, como una curita. Pero de verdad de verdad ese mal se le quitó del todo a mi amigo cuando se sacó los cascarones esos y se puso una plancha postiza.

Oscar Blanco Díaz (Chiche Matagallo), 67 años.

Para el dolor de muelas es divino untarse pintura de uñas. Y a reírse bonito.

Iraida Guardado Montiel.

Cualquier dolor de muelas se quita con borrajas. Pero si no se calma, ya tú sabes: alicate y sillón.

Caridad Blanco Pérez (Chencha), 29 años.

Los dolores de muela son el castigo de Dios que uno paga por lo que los judíos le hicieron a su hijo. Yo he probado con todo, y con lo único que se me ha aliviado un poquito es con motos de creolina, aunque después uno no puede hablarle de cerca a nadie, porque huele a inodoro.

Juana Montiel Fernández.

El hipo se produce porque uno traga aire en falso. Una vez, de soltera yo y con quince años, a mi casa fueron unos poetas: eran como seis, y pegaron a cantar a las tres de la tarde. Como a las diez de la noche nada más que quedaban cantando dos, y aquello no tenía para cuando acabarse. Ya yo estaba que no podía más, porque el centro de la controversia era mi persona, que parece que le gustaba a uno de los improvisadores aquellos. Y dale con los ojos. Y métele con el pelo. ..Hasta que por suerte, cuando el galán aquel empezó a sacarme una décima con los versos: "El amor de un hombre honrado / yo pongo a tus pies, María. ..", que hizo el ademán para seguir, sin querer aspiró el resuello en falso y ahí mismito le empezó un hipo más aparatoso que el diablo. Yo sabía que poniéndole un platico con sal en la boca del estómago se le quitaba, pero ni loca, porque lo que hacía era rezar para que nadie más supiera la cura. Yo creo que por eso es que a mí no hay quien me haga ver Palmas y Cañas.

María González (La Gata), 36 años.

Ojalá que todas las curas fueran como la del reuma, porque comerse una tuna asada en brasas no tiene nada de malo. A no ser que la preparen mal y se le clave una espina en la garganta o en el cielo de la boca a uno, como le pasó a uno de los Sampío, de ahí de La Luz, que después, cuando lo llevaron para el policlínico a sacársela, como les daba pena, dijeron que se había tragado la espina de una biajaca.

Agapito Bermúdez, 47 años.

En mi casa se hacía esto: cuando algún muchacho se resfriaba, Chongo, mi padre, hacía un colchón con hojas al pie de un almácigo que había cerca de las jaulas de gallos finos que a él le gustaba criar; entonces acostaba ahí al enfermo y enseguida se ponía mejor. Lo gracioso es que entre los quiquiriquí y las toses del muchacho, que se contestaban unas a las otras, a uno le parecía que aquello era una jodedera, que se estaban burlando unos de los otros.

Teresa Montiel Sarduy (Tera).

A mí me enseñó un hombre de por allá por la estación, al que le decían como tres apodos: Manaquita, Mongo y Amigo, que el dolor de barriga hay que atacarlo al revés, porque él había comprobado que lo que más resultado da es comerse una tostada con huevo, vino seco y hojas de almácigo.

Fernando López Guardado (Tortilla de un solo Huevo), 23 años.

El caballo curando ladillas es Yiyí el lechero. Ese coge un aparato. ..y flit con ellas tres veces al día. ¡No digo yo las ladillas, ni los mosquitos se le animan!

Juan Andrés González García (Mayé)

Yo sé de mujeres que son heroicas, porque han dejado que les pasen una rana viva nueve veces por la zona lesionada para curarse la erisipela. Eso lo digo porque no conozco ninguna mujer que no le tenga pánico a esos bichos. Y hasta muchos hombres de pelo en pecho, cuando los llaman para botar una, cogen y se viran como de guillestén y dicen ¡puah!, que ellos lo que le tienen es asco. Y uno piensa: "Sí, un asco que se llama pendejitis". Una cosa importante: después que uno se da el baño de rana tiene que tenderla al sol en un cordel y dejarla secar.

Lirva Olivera Caso.

Una vez yo fui a ver a una amiga mía enferma que vive por ahí por la curva de El Culano, porque había cogido erisipela. Cuando llegué a aquella casa y me llevaron para el cuarto a ver a mi amiga, que llego y la veo, me di un susto de madre, porque parecía que le habían tatuado la planta del pie como a un preso. Entonces yo, creyéndome que aquello era producto de la enfermedad y que se había amoratado así por la infección, formo la alarma, hasta que la gente de la casa me aclaró que aquello era normal, porque la erisipela se ha curado siempre con tinta estilográfica.

Karina Pérez González.

Para el dolor de la columna: ajo con aguardiente, en ayunas; pero si uno bota el ajo y se toma el aguardiente, da igual, porque en concordancia con la cantidad, el aguardiente es un anestésico mejor que la raquídea.

Fernando López Guardado (Tortilla de un Solo Huevo).

A los quince años yo tenía la cara llena de barros, decían los jodedores que de tanta "manuela" que jugaba; pero un buen día se me quitaron, porque seguí un remedio que no falla y consiste en aplicarse leche de chiva con jugo de limón y jugo de pepino ligados con alcohol. Fíjese usted si eso es bueno, que se me pusieron los cachetes como las nalgas de un niño chiquito.

Fernando López Guardado (Tortilla de un Solo Huevo).

Cuando yo estudiaba en el Colegio Las Antillas, de Santa Clara, una amiga

mía tenía la cara llena de baches y granos enconados, y un buen día la veo
con una máscara prieta, que yo creía que iba para una representación teatral,
y la felicito porque yo sabía que ella soñaba con la escena. Entonces me dice
que eso era fango porque le habían dicho que no había nada mejor para el
acné juvenil.

Katy Lamas Rabassa, 28 años.

De esto hace más años que el carajo, pero a una mujer, que me reservo el
nombre porque es seria y de su casa, una vez le salieron unas lesiones feísi-
mas entre las piernas: ahí, ahí, pegaditas a las partes, según me dijo. Ella tenía
un perro verdugo muy juguetón, y cuando le dijeron el remedio se puso far-
ruca y hasta botó de la casa al que se lo había recomendado. Pero al cabo de
la semana, como la incomodidad era mucha, se decidió a probar y le fue bien:
se curó, porque cuando las ñáñaras se ponen muy feas, entre blancusas y
amarillosas, lo único bueno que se ha inventado para sanarlas es que un
perro te pase la lengua por ellas.

Marino Sarduy Vega.

Obras consultadas

-Argüelles Mederos, Aníbal y Hodge Limonta, Ileana (1991): Los
llamados cultos sincréticos y el Espiritismo. Ed. Academia. La Habana, pp.
5-40.
-Bolívar Aróstegui, Natalia. Los orishas en Cuba. Ediciones Unión. Unión
de Escritores y Artistas de Cuba. Ciudad de La Habana, 1990.
-Cabrera, Lidia. El Monte. Ediciones Letras Cubanas. Ciudad de La Habana,
1992.
-Correa L., Alfredo (1997): Los hombres y las plantas medicinales.Panorama
etnobotánico amerindio (1) El Maíz. La Chaux- de- Fonda. Suiza, p. 40.
-Cuba: imágenes y relatos de un mundo mágico. Ediciones UNION, La
Habana.1997. p.13.
-González Díaz de Villegas Mitos y Leyendas de la Comida Afrocubana.
Editorial Ciencias Sociales. La Habana, 1993. pp. 15-77.
-González Huguet, Lydia (1968): La casa-templo en la Regla Ocha,
Etnología y Folklore Num. 5, enero-junio, La Habana.
-Opolopo owo. Los sistermas adivinatorios de la Regla de Ocha. Ed.
Ciencias Sociales, La Habana, 1997. pp. 45-162.
-Roig y Mesa, Juan Tomás. Plantas Medicinales, Aromáticas o
Venenosas de Cuba. Ministerio de Agricultura. Servicio de Publicidad y
Divulgación. República de Cuba. Habana, 1945.
-Riveron, Ricardo. El ungüento de Magdalena. Revista Signos. Biblioteca
Marti. Santa Clara, Villa Clara, Cuba.
-Seoane Gallo, José (1984): El folclor médico de Cuba. Provincia de
Camagüey. Ed. Ciencias Sociales, La Habana.

Indice

Las brujas del Capiro. Plumilla de Fernando Caluff

Aa

Angelus facit

9 781976 116049